VIVIENDO
EN LA LUZ

Shakti Gawain es la exitosa autora de *Visualización creativa*, que ha vendido más de dos millones de ejemplares de su primera edición. Otros de sus muchos libros son: *Viviendo en la luz*, *Meditaciones*, y *Reflexiones en la luz*. Una maestra cálida, articulada e inspiradora, Shakti conduce talleres internacionalmente. Durante cerca de veinte años ha ayudado a miles de personas a aprender a creer y a actuar según su propia verdad interior, liberando y desarrollando así su creatividad en todas las áreas de su vida.

VIVIENDO EN LA LUZ

Una guía para la transformación
personal y planetaria

Por SHAKTI GAWAIN con
la colaboración de LAUREL KING

Traducción de Humberto Guerra

NATARAJ PUBLISHING

a division of

NEW WORLD LIBRARY

NOVATO, CALIFORNIA

Nataraj Publishing

a division of

 New World Library
14 Pamaron Way
Novato, CA 94949

Traducción: Humberto Guerra
Diseño de funda: Michelle Wetherbee, Doubleugee
Redactor: Richard P. Castillo

Library of Congress Catologing-in-Publication Data

Gawain, Shakti 1948–
    [Living in the light. Spanish]
    Viviendo en la luz : una guía para la transformación
    personal y planetaria / por Shakti Gawain, con la colaboración
    de Laurel King ; traducción de Humberto Guerra. — 1. ed.
        p. cm.
    Includes bibliographical references.
    ISBN 1-57731-153-1 (pbk.)
    1. Self-actualization (Psychology) 2. Meditation. I. King,
    Laurel. II. Title.
BF637.S4 G39218 2000
158.1—dc21   99-045203

Primera edición: abril de 2000
ISBN 1-57731-037-3
Impreso en el Canadá
Distribuido por Publishers Group West

10 9 8 7 6 5 4 3 2 1

Este libro está dedicado a la sabiduría
que habita en todos nosotros.

AGRADECIMIENTOS

Quiero expresar mi agradecimiento a Laurel King por su ayuda en la preparación de la edición original de este libro. Agradezco a Lora O'Connor por sus múltiples e invaluables sugerencias y por su apoyo a lo largo de la creación de esta edición. Estoy agradecida con Becky Benenate, mi editora de la presente edición corregida, por toda su ayuda y especialmente por su disposición para trabajar acorde a mi horario de actividades y promover un milagro de coordinación. Mucho agradezco también a Katherine Dieter por su contribución y a Marc Allen por su continuo apoyo. Kathy Altman, como siempre, contribuyó con sus ideas y energía. Jim Burns, gracias por tu amor y tu motivación. Pero, sobre todo quiero agradecer a mis lectores cuyo amor y aprecio han sido mi inspiración y mi recompensa

ÍNDICE

Prefacio de la autora a esta edición

Viviendo en la luz se publicó por vez primera en 1986. Desde entonces, ha vendido más de un millón de ejemplares, y ha sido traducido a muchos idiomas alrededor del mundo. Hoy en día continúa vendiéndose de manera sostenida y yo recibo una retroalimentación constante ya que el libro ha transformado la vida de sus lectores de forma significativa.

No hace mucho, revisé y actualicé mi primer libro, *Visualización creativa*, y desde entonces he sentido la necesidad de hacer lo mismo con *Viviendo en la luz*. El mensaje básico del libro continúa siendo actual y relevante, como siempre lo fue. Sin embargo, desde que lo escribí, a través de los años, mi comprensión se ha desarrollado y (espero) se ha profundizado gracias a mi propia experiencia de vida y a mi trabajo con otras personas. Sentía que había muchas cosas que me gustaría decir de una manera diferente; y tal vez podría ser de utilidad a mis lectores conocer más acerca de mi vida actual así como algo de mi "antigua y sabia" perspectiva.

Habiendo actualizado estos dos libros, me doy cuenta que revisar un libro clásico es una forma artística difícil y delicada, muy diferente a escribirlo por primera vez. El reto es el siguiente: ¿Cómo lo actualizo y lo alineo con mi comprensión actual, al mismo tiempo que respeto y honro la integridad y el poder del trabajo original, que en cierta forma, en sí mismo, es una entidad viva?

Cuando me senté a revisar *Viviendo en la luz*, no había leído el libro en varios años. A medida que avanzaba, tuve dos reacciones distintas. Una respuesta era: "¡Caray, esto es estupendo! Se me había olvidado la claridad con que expresaba estas cosas entonces." La otra respuesta era un embarazoso rictus cuando me percataba que había dicho algo de forma demasiado simplista o grandilocuente, o cuando encontraba algo con lo que ya no estaba de acuerdo.

No he realizado cambios mayores al libro. He ampliado y actualizado mi historia personal en la Introducción, y he reorganizado un poco al añadir un capítulo y suprimir dos que ya no son pertinentes. En cuanto a lo demás, tan sólo he retrabajado el texto un poco: añadiendo, eliminando y editando para ponerlo a tono con mis posiciones actuales. Sólo he hecho modificaciones donde en verdad sentí que el texto se podía mejorar o precisar.

En algunas ocasiones, ¡tuve que combatir contra la sensación de querer escribir un nuevo libro sobre el mismo tema! Pero me consolaba con la idea de que los lectores interesados en una visión más completa de cómo mis ideas han evolucionado podrían encontrarlas con facilidad en trabajos más recientes, como es el caso de *El camino de la transformación* o en *Creando la verdadera prosperidad*.

Aquéllos que hayan leído *Viviendo en la luz* en su versión original, pueden notar un tono ligeramente diferente en esta nueva edición. Cuando escribí el libro, estaba llena de entusiasmo juvenil gracias al poder que encontraba en estas ideas y en estas prácticas. Una docena de años después, soy tan entusiasta con las ideas y tan comprometida con ellas como siempre lo fui, pero ahora tengo un saludable respeto por el constante reto que significa integrarlas en nuestra vida diaria. Es por eso que probablemente notes un acercamiento más humilde, reconociendo y honrando las complejidades de la vida y del viaje existencial de lo humano.

Probablemente la mayor diferencia para mí entre el ayer y el momento actual sea mi comprensión de la necesidad y de la importancia de reconocer nuestras energías desconocidas, nuestro "lado oscuro", trabajarlas y asimilarlas. Ahora para mí la frase viviendo en la luz tiene un significado más profundo y sutil del que tenía antes. Se refiere a la conciencia y al balance que penetra en nuestras vidas en la medida en que nos percatamos, aceptamos y expresamos los muchos aspectos de quiénes somos, incluyendo las partes que tememos o rechazamos.

Cuando escribí este libro, el cambio de milenio se encontraba todavía a años de distancia. Ahora está próximo, y la idea de que estamos creando un nuevo mundo parece más relevante que nunca.

¡Eres bienvenido! Ya sea que hayas leído antes *Viviendo en la luz* y tengas curiosidad por leer la versión revisada, o seas lector del texto por primera vez. Espero que disfrutes del libro y encuentres inspiración en tu camino del autoconocimiento.

Introducción

L INICIO DE MI CAMINO

Siempre he tenido un fuerte deseo de entender cómo trabaja el universo, cuál es el sentido de la vida y el significado y propósito por los cuales estoy aquí. En retrospectiva, puedo apreciar que toda mi vida ha estado dedicada a la búsqueda de la verdad y del entendimiento.

Fui criada en el seno de una familia muy intelectual, bien educada y nada religiosa. Mis padres eran esencialmente ateos, y desde muy chica recuerdo tener la noción de que el creer en Dios era una ficción humana, una fantasía, una superstición creada para ayudar a la gente a sentirse mejor respecto al predicamento en el que nos encontramos inmersos, que es totalmente desconocido e inexplicable. La existencia humana o cualquier otro tipo de existencia, era simplemente un accidente de la naturaleza y no poseía ningún significado (ni particular ni sondable). Yo prefería admitir que no sabía cómo habíamos llegado aquí ni por qué, en vez de adoptar una explicación simplista tan sólo por obtener algún sentido de seguridad. Creía que la verdad era racional y que lo que no era comprobable científicamente, no existía. También experimentaba un sentimiento condescendiente hacia las personas que eran lo suficientemente débiles como para inventarse un dios en el cual creer.

El lado positivo de esta educación fue que no adquirí mucho del rígido dogma ni de los mensajes profundamente negativos acerca del bien y el mal; del cielo y el infierno, y del pecado que mucha gente recibe en su primera educación religiosa. Por otra parte, yo no tenía concepto consciente o experiencia alguna de la dimensión espiritual de la vida, y tampoco tenía respuestas para las preguntas sobre el sentido y propósito de mi propia vida.

Mis padres verdaderamente deseaban una hija y fueron muy cariñosos conmigo. Desafortunadamente no pudieron manejar su relación y se divorciaron cuando yo tenía dos años de edad. A pesar de que no lo recuerdo claramente, sé que este acontecimiento tuvo un impacto mayúsculo en mi vida y afectó mis posteriores patrones de relación. Después del divorcio, yo viví con mi madre quien nunca se volvió a casar ni tuvo más hijos. En cambio, mi padre sí volvió a contraer nupcias, y yo frecuentemente lo visitaba a él y a su otra familia.

Mi madre desarrolló una exitosa carrera haciendo planes urbanos en tiempos en que las mujeres eran escasas en esa área. Se enfrentó a los consabidos retos de la madre que debe criar sola a un hijo: tratando de balancear las necesidades de su hija con las exigencias de su trabajo. Al ser hija única de una madre profesionista, muy pronto desarrollé un fuerte sentido de la responsabilidad y de la autosuficiencia.

Mi madre es una persona muy emprendedora. Le encantaba probar nuevas experiencias, y para mí fue un modelo de temeridad y de espíritu pionero. Había sido una de las primeras mujeres de su generación en tener un parto natural. Yo fui el primer bebé que su doctor trajo al mundo sin el uso de anestesia. Fui bendecida con una fecha de nacimiento muy afortunada (septiembre 30 de 1948, a las 9:10 PM en Trenton, Nueva Jersey ¡esta información es para ustedes astrólogos!).

A mi madre le fascina explorar nuevos lugares y viajamos mucho cuando yo era una niña; alrededor de los Estados Unidos, las Indias Occidentales, México, Hawai, Europa. También nos mudábamos frecuentemente cuando mi mamá cambiaba de trabajos. Hasta la edad de más o menos quince años nunca viví en un mismo sitio más de dos o tres años.

La familia de mi mamá es cuáquera y todavía utilizamos la "lengua llana" al hablar con mi abuela (diciendo "usted" en lugar de "tú" ya que para los cuáqueros se trata de una expresión que reconoce lo divino en cada persona). Por lo tanto, en un nivel íntimo absorbí el profundo respeto por lo espiritual y la preocupación por la humanidad que están entretejidos en la concepción religiosa cuáquera, el cual siento que después tuvo una fuerte influencia en mi vida.

Cuando tenía catorce años de edad experimenté una enorme crisis emocional. Esta fue provocada por el fracaso de mi primer romance (con un hombre "mayor", de diecinueve años; estaba convencida que esta relación no tendría comparación alguna). Este fracaso me precipitó en una profunda y duradera desesperación existencial. Hice un duro escrutinio de la vida y reconocí que se encontraba vacía o sin significado alguno. Podía ver que todas las cosas que supuestamente proveen significado a la existencia —educación, éxito, relaciones, dinero— eran en sí mismas efímeras, sin significado y vacías. Parecía que no había nada que llenara el vacío. Estaba muy desilusionada, muy deprimida, y prácticamente permanecí en ese estado por varios años.

En retrospectiva, puedo ver que me encontraba pasando por una experiencia que todos debemos experimentar en alguna ocasión (o en muchas ocasiones) —lo que los místicos llaman la desgarradura del velo de la ilusión—. Es el momento en que empezamos a reconocer que nuestro mundo material no es la única realidad, y es entonces cuando vemos hacia nuestro interior para descubrir el aspecto espiritual de nuestra existencia. En estas ocasiones, por lo general sentimos que emocionalmente estamos tocando fondo, pero cuando en realidad nos encontramos tocando el fondo, éste se convierte en una compuerta que nos conduce a un nuevo lugar: es el plano interior de nuestra alma, donde podemos iniciar la exploración de nuestro contacto con la vida en una forma totalmente nueva. Cuando podemos enfrentar nuestros miedos y nos desplazamos a través de esta "oscura noche del alma", somos saludados por el amanecer de una nueva y profunda experiencia.

Nuevas experiencias

En los años siguientes, empecé a tener nuevas experiencias, otros inicios y una creciente percepción que no coincidía con mi antiguo esquema racional. En la universidad estudié psicología y me involucré tanto en grupos de encuentro como en grupos para el desarrollo de la sensibilidad. Estos grupos me permitieron liberarme de viejos dolores emocionales al mismo tiempo que me condujeron a renovados sentimientos de amor, felicidad y de integración con el entorno. Estudié danza y pronto descubrí que al bailar frecuentemente tenía un sentimiento estimulante, como si una fuerza superior me dominara y me moviera en una forma excitante y desenfrenada.

Siempre había estado interesada en la filosofía oriental, por lo que leí libros sobre budismo e hinduismo. Practiqué el yoga y la meditación y descubrí que me ayudaban a sentirme más centrada, relajada y en comunicación conmigo misma. Después de graduarme, pasé dos años viajando alrededor del mundo, viví varios meses en la India donde obtuve una conciencia profunda de la tradición mística oriental. Mis viajes fueron una experiencia poderosa para mí porque con poco dinero y sin ningún plan preconcebido, viví siguiendo mi intuición. Había partido con la idea original de pasar unas vacaciones en Italia y terminé con un viaje de dos años alrededor del mundo. Aprendí que podía vivir muy feliz prácticamente con ninguna posesión y así me podía trasladar con seguridad a lugares desconocidos. Esta fue una de mis primeras experiencias de tipo sinergético que ocurren cuando confiamos en nuestra guía interior y seguimos el flujo de nuestra energía.

Haciéndome consciente

Cuando regresé a los Estados Unidos estaba clavada en algo llamado "conciencia". No podía definirlo, pero sabía que quería más de ello y que lo único que me importaba era mi proceso de crecimiento personal. Sentía que si me dedicaba a obtener metas externas tales como una carrera, dinero o relaciones personales, a la larga las sentiría vacías. Mientras que si me dedicaba en cuerpo y alma a mi propio desarrollo, en última instancia tendría las cosas que mi corazón deseaba como relaciones personales amorosas, un trabajo gratificante y sentido de la abundancia, y que además todo llegaría de un modo más satisfactorio.

No me motivaba exclusivamente mi anhelo de encontrar una mayor satisfacción para mi propia vida, sino también un fuerte deseo de hacer una contribución para un cambio positivo en el mundo y para la sanación y felicidad de otras personas.

Me mudé al área de la Bahía de San Francisco, a la que catalogaba como la vanguardia del llamado "movimiento del potencial humano", me sumergí en una búsqueda formal de conocimiento, sabiduría, sanación y transformación. Tomé clases y talleres, leí libros ávidamente, medité y conversé constantemente con otras personas inmersas en el mismo proceso.

Después de la lectura del *Manual para una conciencia mayor* de Ken Keyes, me fui a vivir a su centro en la ciudad de Berkeley donde trabajamos intensamente en nuestro propio crecimiento, día y noche, durante un año. Después continué viviendo en comunidad por varios años con otras personas quienes estaban involucradas en un intenso proceso de desarrollo personal. Mientras tanto, hacía cualquier cosa con tal de ganar suficiente dinero para mantenerme (trabajo de oficina, trabajo doméstico, esto y lo otro) a la vez que me concentraba en mi verdadera tarea.

A partir de entonces y desde hace veinticinco años, mi vida ha estado dedicada a mi crecimiento y evolución como un ser consciente. Gradualmente comprendí que el convertirse en más consciente significa hacerse más alerta de todo lo que sucedía en mi interior y alrededor de mí, y cómo mi mundo interior afectaba mi espacio exterior y viceversa. Me daba cuenta de que a medida de que me hacía más *consciente*, crecían las *posibilidades* de crear o de responder a las circunstancias de mi vida. Cuando estamos relativamente inconscientes, simplemente hacemos lo que siempre hemos hecho; sin percatarnos que existe otra forma de hacerlo. Cuando nos volvemos más conscientes, comenzamos a reconocer que existen otras opciones y que podemos hacer otras elecciones acerca de la manera en que vivimos.

Primeramente, me imaginaba que este proceso suponía una línea recta desde A hasta B, siendo A la oscuridad de la ignorancia y B la "iluminación" total. El objetivo era moverse desde A hasta B de la manera más directa posible. Si éramos dedicados y lo suficientemente afortunados para alcanzar la iluminación, habríamos completado el proceso, seríamos seres resplandecientes, siempre llenos de luz, amor y sabiduría.

Con el tiempo comprendí que la toma de conciencia es un proceso que crece, se desdobla, se profundiza, se expande y no tiene punto final. Somos seres infinitos y complejos y nuestro viaje existencial involucra no sólo un despertar espiritual, sino también el desarrollo de todos los niveles de nuestro ser (espiritual, mental, emocional y físico) y la integración de todos estos aspectos en una vida cotidiana sana y balanceada.

Me estoy adelantando a mí misma, así que regresemos a mi historia.

Mi nombre

La gente con frecuencia me pregunta acerca de mi nombre, así que pensé que sería una buena idea hacer una pausa aquí y decir algo al respecto.

Cuando me encontraba en la India, me fasciné con la religión hindú y comencé a estudiarla. No había sido

criada como cristiana, y esta religión nunca había desperta-
do mucho interés en mí. Me gustaban mucho algunas ideas
del budismo, pero me parecían un poco intelectualizadas.
Los mitos, los símbolos y las deidades de la religión hindú
tocaban un lugar profundo de mi alma. Se trata de una religión muy compleja y ni siquiera pretendo decir que la comprendo, pero he capturado algunos conceptos.

En la religión hindú existe una trinidad de divinidades
principales que simbolizan tres aspectos de la vida. Brahma
es el creador, Vishnu es la fuerza que conserva mientras
que Shiva es la destrucción. Shiva representa la constante
transformación del universo, el hecho de que todo debe
destruirse para que pueda renacer. Él nos recuerda que
constantemente debemos dejar ir todo aquello a lo que
nos aferramos para discurrir en el movimiento de la vida.
Muchos de sus fervientes devotos se deshacen de su hogar
y de sus posesiones y vagan libremente, dedicándose a seguir y confiar en la energía del universo. Shiva también es
conocido como Nataraj —el Señor de la danza— (literalmente el Señor del ritmo). Se afirma que es su danza lo
que mantiene al universo en movimiento. Se le representa
como un bello y poderoso hombre con una larga y flotan-
te cabellera (se dice que de su cabello mana el sagrado río
Ganges). Me sentí irresistiblemente atraída hacía él.

Shakti es el lado femenino de Shiva. La palabra
"shakti" significa energía —la energía de la que todo en el
universo está formado; es la energía de la vida— la fuerza
vital que corre por nuestros cuerpos. También significa
"energía femenina". En la práctica hindú del Tantra existen
técnicas para la iluminación a través de la canalización de
la propia energía sexual. En esta práctica, se relaciona al
hombre con Shiva y a la mujer con Shakti.

Cuando regresé de la India conocí y conviví durante varios años con mi amigo Marc Allen. Él pensaba que
mi nombre original no me venía bien y teniendo conocimiento de mi "amorío" con Shiva, empezó a llamarme
Shakti. Me gustó y comencé a utilizarlo. En ese entonces,

no estaba consciente de lo poderoso que era el nombre, pero me doy cuenta ahora. Siento que la vibración del nombre me ha ayudado a que surja mi propio poder.

Gawain es el apellido con el que nací. Se trata del mismo nombre que el de Sir Gawain en las leyendas del rey Arturo. De acuerdo con una definición de diccionario significa "halcón de caza", que considero una maravillosa imagen. Para mí, Shakti representa mi lado femenino y Gawain mi lado masculino.

Visualización creativa

Uno de los primeros talleres que tomé fue el Método Silva de control mental. En ese entonces todavía era más bien escéptica acerca de estas cosas y probablemente nunca me hubiera acercado a él si no fuera porque mi madre lo había hecho y me lo había recomendado ampliamente. Nunca olvidaré su descripción de una técnica en la cual tú puedes imaginar lo que deseas que suceda y muy frecuentemente se realiza. Mi mente tenía reticencias al respecto, pero mi corazón se impuso y me recuerdo pensando: "Desde que era una niña siempre he *sabido* que existe algo mágico —que de alguna forma, de alguna manera existe la magia—. Esto parece lo más cercano que he oído a esa sensación."

Tomé el curso y ¡quedé sorprendida! Comenzamos lenta y fácilmente con técnicas que cualquiera estaría dispuesto a aceptar y hacer, y poco a poco trabajamos en procesos menos comprensibles, pero sumamente poderosos. Después de cinco días, tenía una fuerte experiencia psíquica gracias a la cual, y por períodos de varias horas, estaba capacitada para seleccionar información que podía alcanzar exclusivamente a través de mi intuición. Esta experiencia comenzó a disolver algunas de mis antiguas limitaciones acerca de lo que pensaba que era posible.

La técnica más importante que aprendí en ese curso fue la de la visualización creativa: en medio de una relajación profunda uno se imagina una meta deseada exactamente igual a como quiere que sea. Comencé a practicar la técnica y resultó altamente efectiva. Con peculiar frecuencia las cosas que me imaginaba se realizaban rápidamente en formas inesperadas. Quedé fascinada con las posibilidades y tomé otras clases y talleres similares. Empecé a utilizar técnicas de visualización creativa en mi vida de manera regular y también se las enseñaba a mis amigos. En ese entonces leí *La naturaleza de la realidad personal* escrito por Jane Roberts y fui fuertemente influenciada por la idea de que todos nosotros creamos nuestra propia realidad. Muy pronto comencé a dirigir grupos y a dar consultoría particular y con el paso del tiempo escribí *Visualización creativa*.

Cuando tuve la idea de escribir el libro, únicamente quería reunir todas las ideas y técnicas que había aprendido de varias fuentes y escribirlas en una forma comprensible. Pensaba que quería redactar un pequeño folleto, el cual podría dar a mis amigos, tal vez vender a mis pacientes y a algunas otras personas interesadas. Mientras lo escribía me embargué de dudas: "¿Quién soy yo para estar escribiendo un libro así? No soy una experta." Una fuerza interior continuaba empujándome a hacerlo, de cualquier manera eso es lo que hice. Utilicé las mismas técnicas de visualización creativa para crear el libro. Conseguí que un amigo artista diseñara la portada. Colgué la portada en la pared y me imaginaba y afirmaba que el libro estaba terminado. Hallé que lograba escribir sin esfuerzo (excepto por mis molestas dudas) y antes de que me diera cuenta, se había convertido en un libro de verdad que publicamos unos amigos y yo.

De lo que no me percataba del todo, era que el libro venía de una fuente creativa superior localizada en mi interior. A nivel personal, tenía dudas y miedos, pero gracias a mi compromiso conmigo misma, estaba dispuesta a continuar y seguir la energía creativa. El universo me podría utilizar como canal creativo gracias a que tenía una habilidad natural para pensar y escribir claramente, y estaba verdaderamente interesada en estas ideas. De igual forma, poseía un sólido entrenamiento en la materia y también estaba dispuesta a tomar algunos riesgos.

El proceso de publicación fue similar. Mis amigos, Marc Allen y Jon Bernoff, y yo sabíamos muy poco acerca de negocios y publicaciones y no poseíamos ningún dinero; pero teníamos deseos de escribir y publicar nuestros propios libros. Confiábamos en nuestros sentimientos y estábamos dispuestos a arriesgarnos por ellos, nos percatamos de que éramos guiados, paso a paso, hacia lo que necesitábamos hacer. Cometimos muchos errores en el camino (sobre todo cuando no seguíamos nuestra guía interior) algunos de ellos eran dolorosos y extremadamente caros; pero, con el paso del tiempo creamos una exitosa compañía de publicaciones, originalmente llamada Whatever Publishing Inc., ahora llamada New World Library (Biblioteca del mundo nuevo).

Visualización creativa ha sido exitoso, más allá de cualquier loca fantasía que pude tener cuando escribí el libro. A pesar de que nunca fue promovido o publicitado en forma significativa, a excepción de la recomendación de boca en boca, en el momento en que escribo estas líneas ha vendido cerca de tres millones de ejemplares y ha sido traducido a veinticinco idiomas. Veinte años después de su publicación original en 1978, la revisión corregida todavía se vende de manera sostenida. A través de los años he recibido innumerables cartas y llamadas de gente alrededor del mundo que afirman que el libro les ha ayudado a transformar sus vidas. Por supuesto, esto ha sido muy gratificante para mí, especialmente porque puedo apreciar que se trata del trabajo del poder superior del universo. Me he sentido como una madre orgullosa, observando a su hijo en el mundo, haciendo su trabajo e incrementando su fortuna, sabiendo que todo esto es mío y al mismo tiempo no lo es. Se expresó a través de mí y ayudé a formarlo, y sin embargo es un ser viviente, una entidad en sí misma, con su propio destino y su propia conexión con su fuente creativa.

Escuchando la guía interna

Cuando descubrí las técnicas de visualización creativa y las encontré productivas, estaba muy emocionada porque sentía que usándolas podía crear cualquier cosa que deseara para mi vida. ¡Estaba eufórica ya que sentía que podía tener todo lo que deseara!

Esto era un paso importante para mí ya que me había desprendido de la actitud esencialmente débil que tenía previamente (aquella actitud que indicaba que la vida es algo que te sucede y que todo lo que puedes hacer al respecto es tratar de sacarle la mejor ventaja; en cierto sentido es una posición de víctima) que otorgaba poder a la gente y a las cosas fuera de mí. Al usar la visualización creativa, empecé a darme cuenta del poder que poseía: podía escoger para crear mi vida en la forma en que yo quería que fuera. Era una experiencia muy fortificante y muy liberadora.

A medida que exploraba el proceso de crear mi propia realidad, poco a poco me di cuenta de que el poder creativo que sentía provenía de otra fuente distinta a mi propia personalidad. Algunas de las cosas que *pensaba* que quería no se manifestaban; y en retrospectiva puedo ver que era benéfico que no sucedieran. Por otra parte, otras cosas ocurrían tan milagrosamente que era como si alguna fuerza invisible estuviera poniendo todo en su lugar. En ocasiones tenía iluminaciones de conciencia y perspicacia, o visiones futuras que eran muy acertadas y parecían provenir de alguna fuente muy profunda dentro de mí. Me interesé cada vez más en averiguar qué era esta fuerza creativa y cómo funcionaba. Comencé a darme cuenta que "aquello" (mi alma o ser superior) parecía saber más que "yo" (mi personalidad) sobre muchas cuestiones. Me percaté de que probablemente sería bueno tratar de saber qué es lo que esa guía interior me estaba diciendo y entonces debería seguirlo. En todas las ocasiones que procedí así, parecía que funcionaba.

Con el tiempo perdí interés en tratar de controlar mi vida, y en hacer que las cosas sucedieran de la manera que pensaba que quería que se dieran. Comencé a practicar abandonarme al poder superior del universo que se encontraba en mi interior y me percaté que "aquello" deseaba que así lo hiciera. A la larga descubrí que en realidad no era tan diferente. El universo siempre parecía querer que hiciera lo que realmente deseaba, y parecía saber cómo guiarme para hacerlo de una manera más efectiva de lo que yo misma podría pensar. Sin embargo, el énfasis es diferente. En lugar de averiguar qué era lo que yo quería, poniendo metas y procurando controlar lo que me pasaba, empecé a practicar sintonizarme receptivamente con mi intuición y, en consecuencia, actuaba según sus dictados, a veces sin comprender por qué estaba haciendo lo que hacía. Se trataba de un sentimiento de abandonar el control, de rendirse y de permitir que el poder superior tomara el mando.

Durante esta época, conocí a una mujer llamada Shirley Luthman quien se convirtió en una maestra muy importante para mí. Dirigía un grupo una vez a la semana al que acudí ferviente y continuamente durante cinco años. Ella me enseñó muchísimo acerca de cómo confiar y seguir mi propio sentido de la intuición. Muchas de las ideas en *Viviendo en la luz* incluyendo el concepto de masculino y femenino como lo uso aquí, fueron inspiradas por Shirley y le estoy profundamente agradecida por lo que me enseñó.

Confiando en mí

Después de varios años con Shirley, tuve que enfrentar el hecho de que sucedían cosas en el grupo que no me parecían correctas, y que no podía encontrar una manera mutuamente aceptable de brindar mis ideas. Tuve que manejar el viejo problema de abandonar al "gurú". Respetaba tanto a Shirley, y todo lo que había recibido de ella era tan valioso, que era muy difícil hacerle frente al momento cuando supe que ya no podría buscar en ella más respuestas. De cierta manera, Shirley fue la madre metafísica que me había proporcionado el apoyo y la seguridad que necesitaba hasta que estuve lista para confiar en mí misma.

Finalmente, mi guía interior me dijo que tenía que dejar de apoyarme en ella. Había llegado el momento de confiar en el poder de mi propia guía interior. Fue terrible y liberador el darme cuenta que tenía mi propio camino y que no había alguien ahí que tuviera todas las respuestas.

Viviendo en la luz

Cuando *Visualización creativa* se hizo popular, muchas personas empezaron a pedirme que escribiera otro libro. Después de dos años de que se publicó *Visualización creativa*, comencé a sentir que lo haría. Un día me encontraba caminando por el bosque, pensando en mi nuevo libro y en cómo llamarlo. De repente, mi atención se centró en un grupo de árboles a través de los cuales se filtraba la brillante luz solar y hacía que las hojas brillaran. Era una bella visión y mientras la observaba las palabras *viviendo en la luz*, llegaron a mí. Supe inmediatamente que se trataba del título de mi próximo libro y recuerdo la sensación de que en realidad no pensé en él sino que lo había "recibido". Inclusive tuve la impresión de que no había tenido que elegirlo... ¡qué había sido conducida a usar ese nombre!

Me sentí muy inspirada, comencé a redactar algunas notas, y decía a la gente que estaba trabajando en mi nuevo libro. Mi editorial ya había diseñado la portada y comenzó a hacer trabajo publicitario preliminar. Pero después de algún tiempo, me percaté de que en realidad no había escrito nada. Seguía pensando que ya sucedería, pero no fue así. La verdad era que no sentía la energía para sentarme y escribir; y no importaba la cantidad de pensamientos del estilo "debo hacerlo", esto no ayudaba a que se diera la tarea. Durante esta época, estaba muy comprometida con la filosofía de que la vida no debe ser una lucha. Sentía que cuando el libro estuviera listo para llevarse a cabo, sucedería de manera natural. No estaba dispuesta a hacerlo si sentía que era demasiada la presión; presentía que llegaría el momento en que la energía sería tan fuerte que no podría negarme a escribir.

Pasaron varios años, y me involucré en muchas otras cosas. La gente continuaba pidiendo mi nuevo libro y yo seguía asegurándoles que ya llegaría. En privado, en ocasiones tenía mis dudas, y tenía que aceptar el hecho de que era muy posible que no se diera. Sin embargo, sentía que sí sucedería.

Escribir este libro fue un poco como estar embarazada. Podía sentir que algo se formaba y crecía en mi interior y sabía que estaba creando algo, a pesar de que externamente parecía que no pasaba nada. El bebé surgiría cuando estuviese completamente formado y listo.

Finalmente, siete años después de la publicación de *Visualización creativa*, había llegado el momento de escribir *Viviendo en la luz*. En ese momento de mi vida estaba extremadamente ocupada y tenía muy poco tiempo para escribir. ¡De cualquier forma, este libro no se suspendería!

Laurel King, una amiga que ha trabajado para mí durante varios años, me ayudó a reunir mis notas e ideas en un escrito, y contribuyó con sus propias ideas y ejercicios creativos. Encontraba unos cuantos días u horas para escribir. Invertía mucho tiempo volando por todo el mundo para conducir talleres, así que buena parte de *Viviendo en la luz* se escribió en aviones.

Como en el caso de la redacción de mi primer libro, tuve que manejar dudas y temores que ocasionalmente me asediaban. En esta ocasión, en lugar de preocuparme por si tenía el derecho o la credibilidad para compartir mis conocimientos, tuve el problema opuesto. Debido a que *Visualización creativa* había sido ampliamente exitoso, me preguntaba si mi segundo libro estaría a la altura de las circunstancias, o si tal vez sería un reverendo fracaso. Ahora comprendo una de las dificultades que acompañan a la fama, y la presión que experimentan todas las personas creativas y exitosas para continuar produciendo trabajos de calidad.

A pesar de los obstáculos, el libro parecía fluir desde esa profunda fuente creativa de mi interior. Se publicó en

1986, bajo el sello de nuestra compañía, Biblioteca del mundo nuevo (New World Library). Para entonces conocíamos más acerca del negocio de las publicaciones. De cualquier forma, no hicimos mucha publicidad o mercadeo. Sin embargo, el libro parece tener una vida y un destino propios. Como en el caso de *Visualización creativa*, se vendió principalmente por recomendación de boca en boca. Junto con *Visualización creativa*, se ha convertido en un clásico en el área del crecimiento personal.

Naturalmente, me siento muy complacida por el hecho de que *Viviendo en la luz* ha llegado a mucha gente y los ha motivado en sus procesos de desarrollo personal. Algunos de los momentos más preciados que he tenido son cuando en mis talleres, alguien se me acerca y me dice, con lágrimas en los ojos, que este libro ha sido como un buen amigo, que los ha ayudado a través de tiempos particularmente oscuros y retadores. Me siento muy agradecida de que el universo me ha guiado en un camino en el cual, al compartir mi propio proceso, he podido influir en la vida de otras personas.

Mi viaje continúa

Mientras tanto, el éxito de mi segundo libro me volvió más ocupada que nunca. Invertía la mayor parte de mi tiempo conduciendo talleres. Descubrí que trasmitir a otros lo que yo estaba aprendiendo era una muy importante y retadora parte de mi propio proceso de crecimiento. Mis talleres continuaban evolucionando y transformándose como yo lo estaba haciendo, debido a que siempre enseño lo que estoy aprendiendo. Me encanta trabajar con gente en niveles profundos de cambio, crecimiento y transformación y me dediqué completamente a mi trabajo.

Finalmente, me di cuenta que me había convertido en una adicta al trabajo, y que mi trabajo estaba consumiendo mi vida. Aunque amo mucho mi carrera, comencé a sentir una creciente sensación de desequilibrio en mi vida. Era estupenda en darle al mundo, pero tenía dificultades para crear el suficiente espacio para recibir, así que empecé a agotarme. Anhelaba más tiempo de tranquilidad, tiempo para mí y para mis necesidades personales. Sin embargo, difícilmente podía decir "no" a todas las emocionantes oportunidades laborales que encontraba en mi camino.

Desde hacía un buen tiempo, había estado anhelando el encontrar al hombre correcto para que fuera mi compañero de vida. Lo había estado visualizando desde que conocí esa técnica, pero por alguna causa ¡no había aparecido¡ Casi siempre me encontraba dentro de una relación, todas fueron para mí profundas experiencias de aprendizaje y sanación, y en algunas cosas todas fueron maravillosas. Pero por una razón o por otra, no eran correctas para un compromiso a largo plazo. No podía entender por qué me sentía preparada para una relación comprometida y ésta no se daba para mí.

Me tomó mucho tiempo darme cuenta de que no estaba preparada en absoluto. De hecho, tenía un profundo conflicto y ambivalencia acerca del compromiso, y tenía mucha sanación emocional que realizar en el área de relaciones personales, que se remontaba al divorcio de mis padres e inclusive hasta viejos patrones de comportamiento de la familia. Atravesé por un período en el que me dediqué a mi proceso de sanción emocional, que incluyó profundo trabajo de terapia.

En esta época, llegaron a mi vida algunos maestros maravillosos: la pareja formada por el doctor Hal Stone y la doctora Sidra Stone. Ambos se habían desempeñado como terapeutas por muchos años y habían desarrollado una teoría llamada la Psicología de los Seres, y también una técnica muy efectiva conocida como Diálogo de Voz. Gracias a las enseñanzas de los Stone, comencé a comprender más claramente que todos tenemos muchas y variadas energías, o seres, dentro de nosotros. Diálogo de Voz proporciona una impresionante manera de contactarse directamente con estos diferentes seres, hacerse más consciente de ellos, y llevarlos a un mayor equilibrio. Por medio de esta tarea, descubrí muchas cosas fascinantes acerca de mí y me volví mucho más consciente de lo que pasaba en mi interior. Esto me produjo una gran sanación y crecimiento.

Los Stone tienen un conocimiento muy desarrollado de la dinámica de las relaciones humanas y de cómo nuestras relaciones reflejan nuestra conciencia. Usar sus trabajos me permitió resolver muchos de mis propios problemas en cuanto a relaciones. Hal y Sidra Stone se han convertido en buenos amigos míos y los considero mis mentores. Recomiendo ampliamente sus libros y sus talleres (que se enlistan en la sección de Lecturas recomendadas) y he integrado su trabajo en mis propios escritos y talleres.

Después de hacer mucho trabajo profundo, empecé a sentir que un cambio mayor se estaba produciendo en mi interior. Estaba más consciente que nunca de las diferentes partes de mi ser y me sentía cada vez más cómoda con todas ellas. Estaba consciente de mi poder y de mi independencia, pero también de mi vulnerabilidad y de mis necesidades. Me sentía más capaz de amar todos los aspectos que me conformaban, y más capacitada para estar *conmigo* en una forma totalmente nueva.

A esta altura, tenía la *certeza* de que ya estaba preparada para una relación comprometida (¡y sin embargo, no estaba lista para usar la palabra que inicia con "m": matrimonio). Todo esto lo sentía de una manera muy diferente a la experiencia que había tenido durante mucho tiempo cuando *pensaba* que estaba preparada. Ahora sentía que mi compañero llegaría pronto.

En menos de un mes me encontré con Jim Burns, un brillante, guapo y cariñoso hombre a quien había conocido hacía un par de años, pero no había vuelto a ver. ¡En honor a la verdad lo conocí gracias a este libro! Él había leído *Viviendo en la luz* cuando vivía en Minnesota, y había asistido a uno de mis talleres en California. Para acortar una larga y romántica historia les diré que nos enamoramos y nos casamos en el transcurso de un año.

Estar en una relación comprometida ha sido una potente experiencia de crecimiento para mí. Ahora comprendo que una relación profunda es el más claro espejo que podemos tener, y por lo tanto, el mejor camino hacia la conciencia. No obstante, es el tema de otro libro.

Ahora distribuyo mi tiempo entre nuestra casa y oficina en California, nuestro bello hogar en la isla de Kauai y viajando para conducir talleres en todo el mundo. Estoy sumamente emocionada por el trabajo a profundidad que se desarrolla en los programas intensivos que conduzco en Hawaii y en California y en mi programa tutorial de dos años de duración.

El punto principal de mi trabajo actual consiste en hacernos conscientes de los diferentes aspectos que forman lo que somos, y en aprender a desarrollar y a expresar las infinitas energías que residen en nosotros. Esto involucra grandes cantidades de lo que se llama trabajo de "sombras": hacernos conscientes de las partes que hemos negado o reprimido porque sentimos que son inaceptables, y aprender a valorarlas y hacerlas parte integral de nuestras vidas. Este trabajo de sanación nos trae siempre un creciente sentido de equilibrio e integridad.

Ahora entiendo, más que nunca, que "viviendo en la luz" significa viajar a los lugares oscuros dentro de nosotros, iluminándolos con la luz de nuestra conciencia para que así podamos amar verdaderamente y expresar todo lo que somos.

En nuestro impresionante camino existencial, la fuerza orientadora más fuerte que tenemos reside justo en nuestro interior. Tenemos acceso a ella a través de nuestro sentido intuitivo, nuestros "sentimientos viscerales" que nos indican qué es lo correcto y auténtico para nosotros. El desarrollo de nuestra relación con nuestra guía interior es el tema de este libro. Que te sea de utilidad

Con amor
SHAKTI GAWAIN

PARTE UNO

LOS PRINCIPIOS

I. Un nuevo modo de vida

Vivimos en una época muy emocionante y poderosa. Está teniendo lugar una transformación radical en el nivel más profundo de la conciencia. A medida que la evolución de la conciencia humana toma mayor ímpetu, somos desafiados, en el nivel planetario, para abandonar nuestro estilo de vida actual y crear uno nuevo. En un sentido, nuestro "mundo viejo" está muriendo, y está surgiendo uno nuevo.

Para muchos de nosotros, el mundo viejo estaba basado en la atención a lo exterior: al haber perdido nuestra conexión espiritual fundamental, pensábamos que el mundo material era nuestra única realidad. Sintiéndonos esencialmente extraviados, vacíos y solitarios, continuamente hemos intentado encontrar la felicidad y la satisfacción a través de "cosas" externas: dinero, posesiones materiales, relaciones personales, trabajo, fama, comida, drogas, y cosas por el estilo.

El mundo nuevo se construye cuando nos abrimos al poder superior del universo dentro de nosotros y permitimos conscientemente que la energía creativa fluya a través nuestro. Cuando cada uno de nosotros se conecta con su conciencia espiritual interior, aprendemos que el poder creativo del universo reside en nosotros. También aprendemos que podemos crear nuestra propia experiencia de la realidad y ser responsables de hacerlo así. El cambio se inicia en el interior de cada individuo, pero a medida que son transformados más y más individuos, la conciencia masiva se ve crecientemente afectada.

Mi afirmación de que se está realizando una profunda transformación de la conciencia en nuestro mundo está basada en los cambios que veo en mí misma, a mi alrededor y en la sociedad. Está confirmada por la retroalimentación que obtengo de miles de personas en todo el mundo.

Viviendo en la luz habla acerca de la transformación de la conciencia, dentro de cada individuo y en el mundo. El uso que hago de los términos "mundo viejo" y "mundo nuevo" a todo lo largo del libro se refiere al viejo estilo de vida al que estamos renunciando, y al nuevo que estamos creando.

Para muchas personas esta época puede ser penosa, porque la situación mundial y/o nuestras vidas personales parecen ir de mal en peor. Es como si muchas cosas se estuvieran destruyendo y esto se intensificara cada vez más; pero en el plano más profundo no siento que sea negativo. Es decepcionante para nosotros ya que estamos emocionalmente muy unidos a nuestro viejo estilo de vida y obedecemos firmemente viejos modelos, en lugar de intentar abrir los ojos a los profundos cambios que se están dando.

Aunque parezca paradójico, estos cambios son la mayor bendición que cualquiera de nosotros pudiera imaginar. Lo cierto es que el estilo de vida que hemos tenido durante siglos ya no funciona. A pesar de ser apropiado para su tiempo, no puede llevarnos a donde necesitamos y queremos ir. La atención en el materialismo y el mundo externo fue necesaria en un tiempo cuando nuestro reto principal era la sobrevivencia física. Tal vez nuestros valores patriarcales y los papeles tradicionales adjudicados a hombres y mujeres pudieron ser necesarios para proteger a nuestras familias en cierto período específico del proceso evolutivo.

En esta época, muchos seres humanos (y también otras especies) sobre la tierra todavía luchan por la sobrevivencia física. Al mismo tiempo, existe un número creciente de nosotros que ya no tiene que preocuparse por esto. Tenemos la oportunidad, y por lo tanto la responsabilidad, de comenzar la búsqueda de una realización más profunda en los planos mental, espiritual y emocional. Estamos buscando mayor significado y propósito a nuestras vidas; y formas más responsables y armónicas de vivir en nuestro planeta.

Mientras que algunas personas a lo largo de la historia han llevado vidas relativamente significativas y satisfactorias, me temo que la mayoría de nosotros nunca ha encontrado la realización tan anhelada. Nuestro condicionamiento cultural no nos ha proporcionado las herramientas para desarrollar una conexión sana entre nuestros planos interiores: el alma, la intuición y los sentimientos, para integrarlos con nuestro mundo exterior.

De cierta manera, es como si hubiésemos estado en la escuela toda nuestra vida, recibiendo una educación que enseña exactamente lo opuesto a la forma en la que el universo en realidad funciona. Tratamos que las cosas funcionen de la manera en que nos lo han enseñado, e inclusive podemos alcanzar cierto grado de éxito, pero para la mayoría de nosotros las cosas parece que no funcionan tan bien como lo esperamos. Esa relación perfecta nunca se materializa, o si se logra, pronto se empeora o disuelve. O puede parecer que nunca hay suficiente dinero; que nunca nos sentimos verdaderamente seguros o viviendo en la abundancia. Tal vez no obtenemos el aprecio, el reconocimiento o el éxito que queremos. A pesar de que logremos algunas de estas cosas, aún sufrimos una vaga sensación de que debe haber algo más, algún significado más profundo. Algunos de nosotros podemos en realidad conectarnos con ese significado profundo y sentirnos realizados y desarrollados gracias a una creciente conciencia espiritual. Sin embargo, existen viejos modelos, tercos e intrigantes, y áreas de la vida donde experimentamos gran dolor y confusión.

Por lo tanto, nuestra primera tarea al construir el mundo nuevo consiste en admitir que nuestra "educación existencial" no necesariamente nos ha enseñado una forma satisfactoria de vivir. Debemos aprender una forma de vida diferente a la manera en que nos hemos acercado a las cosas anteriormente. Esto puede ser difícil, y tomará tiempo, compromiso y valor, por lo tanto, es muy importante ser compasivos con nosotros mismos, debemos recordar continuamente la magnitud de la tarea que estamos acometiendo. No se completará de la noche a la mañana; de hecho, es un proceso para toda la vida. De la misma manera en que un bebé aprende a caminar al caerse en repetidas ocasiones, debemos recordar que somos bebés en el mundo nuevo. Aprenderemos al cometer muchos errores y continuamente nos sentiremos ignorantes, asustados o inseguros de nosotros mismos. Pero no nos enojaríamos con un bebé cada vez que se cae (si así lo hiciéramos, probablemente nunca aprenderá a caminar con total confianza y poder), por lo que debemos procurar no criticarnos si no estamos capacitados para vivir y expresarnos tan inmediata y completamente como quisiéramos.

Estamos aprendiendo a vivir en armonía con las leyes del universo. Se nos desafía a explorar todos los aspectos de nuestra experiencia humana y a desarrollar todos los niveles de nuestro ser: el espiritual, el mental, el emocional y también el físico.

A medida que realizamos este trabajo, experimentamos un creciente sentido de integridad, poder, sensación de estar vivos y el sentimiento de tener un propósito en nuestras vidas. Aunque a veces abandonar el mundo viejo puede parecer difícil, vale la pena tanto el compromiso como el trabajo arduo para gradualmente hacer la transición hacia el mundo nuevo.

Meditación

Siéntate o recuéstate, relájate y cierra los ojos, respira profundamente algunas veces. Cuando exhales, imagina que abandonas todo lo que no quieres o necesitas. Suavemente, sin esfuerzo, deja que cualquier frustración, cualquier cansancio o preocupación se desvanezca. Este es el momento de liberar un viejo estilo de vida que ya no funciona para ti. Imagina que tus viejos modelos, tus viejas formas de comportamiento y todos los obstáculos que te impiden alcanzar lo que en realidad quieres se disuelven lentamente y abandonan tu cuerpo durante cada respiración. Cada vez que exhalas, y liberas un poco de tus limitaciones, creas mayor espacio en tu interior para algo nuevo.

Después de hacer esto por algunos minutos, comienza a imaginar que cada vez que inhalas estás respirando energía vital, la fuerza de vida del universo. Dentro de esta energía vital está todo lo que necesitas y deseas: amor, poder, salud, belleza, fuerza y abundancia. Respírala con cada inhalación. Imagina una nueva forma de abrirte, llenándote de vida, vitalidad y energía. Pretende que tu vida es exactamente como quieres que sea. Imagina que esta nueva vida está aquí y ahora; saboréala.

Cuando sientas que la meditación está completa, suavemente abre tus ojos y regresa a la habitación. Comprueba si puedes retener en ti ese sentido de renovación. Recuerda que estás ya en el proceso de crear una nueva vida para ti.

2. EL PODER SUPERIOR QUE HABITA EN NUESTRO INTERIOR

Los fundamentos para la vida en el mundo nuevo se construyen sobre el entendido de que existe una inteligencia superior, un poder creativo fundamental o una energía en el universo que es la fuente y la substancia de toda existencia. Son innumerables las palabras y los conceptos que se han utilizado para describir este poder. A continuación encontrarás sólo algunos de ellos:

Dios	Espíritu	Guía interior
Diosa	Esencia	Ser superior
Poder superior	Ser	El Universo
Fuente	Alma	Fuerza de vida
El tao	La fuerza	Inteligencia cósmica
La naturaleza de Buda	La luz	Conciencia crística
Gran espíritu	Yo soy	Todo lo que es

Estos términos representan un intento por expresar una experiencia de sabiduría que es difícil de comunicar en palabras y en conceptos racionales. Cada uno posee la experiencia en su interior; las palabras que elegimos para describirla son meramente las etiquetas que mejor nos acomodan.

Con frecuencia utilizo la palabra Dios, aunque posee muchas connotaciones confusas para muchas personas. Regularmente, la gente la asocia con sus primeras enseñanzas religiosas, que ya no les significan nada. Algunos pueden pensar que Dios es alguien o algo fuera de ellos: el "viejo hombre en el cielo con la barba blanca." Prefiero términos como poder superior, el universo, espíritu o guía interior. En este libro, usaré algunos de estos términos de manera indistinta al referirme a nuestra fuente espiritual, la inteligencia esencialmente creativa y el poder que residen en nuestro interior. Si ninguno de estos términos es particularmente significativo para ti, por favor siéntete en la libertad de sustituirlos por cualquier palabra que prefieras.

Durante los primeros veinte años de mi vida, mi conexión con el lado espiritual de mi ser estaba muy poco desarrollada. No tenía una experiencia consciente de ningún tipo de poder superior, ni tampoco tenía ninguna creencia al respecto. Tuve que recorrer muchos niveles de duda, escepticismo, incredulidad y temor para alcanzar la gran confianza que ahora tengo en el poder superior del universo que está en mí, en todos y en todo lo que existe. Nunca había aceptado algo con fe ciega, en cierta forma tenía que "probar" todo a través de mi experiencia de vida. A medida que aprendí tanto a confiar en el poder superior del universo como a vivir de acuerdo con principios universales, los cambios que he sentido y visto en mi vida son verdaderamente milagrosos.

Aquellos de ustedes que han experimentado una profunda conciencia espiritual a lo largo de sus vidas, ya poseen una sólida base sobre la cual construir. Para aquéllos que se han sentido "desconectados" espiritualmente, como es mi caso, espero que mis palabras los estimulen y apoyen para encontrar la conexión interior consigo mismos. No existe una forma específica de lograr esto, la experiencia de cada quien es diferente. Si se trata de algo que quieres, solicita en tu interior que seas guiado hacia la experiencia de tu propia naturaleza espiritual. Esto puede tomar algún tiempo, pero si lo deseas, sucederá. Las palabras y los ejercicios en este libro te ayudarán al respecto.

El universo tiene tanto aspectos personales como impersonales; a medida que me abro y confío más, encuentro que mi relación con el poder superior se torna más personal. En ocasiones siento que una presencia dentro de mí me guía, me ama, me enseña y me anima. Dentro de este aspecto personal, el universo puede ser maestro, guía, amigo, madre, padre, amante, genio creativo o hada madrina. En otras palabras, muchas de mis necesidades y deseos pueden realizarse a través de esta conexión interior. Frecuentemente encuentro la comunión más poderosa con el universo cuando estoy sola, especialmente cuando estoy en medio de la naturaleza. En dichas ocasiones, los sitios interiores que a veces siento vacíos se llenan con la energía del espíritu. Aquí encuentro una presencia orientadora que me lleva por donde necesito ir, y me enseña a aprender la lección contenida en cada paso que tomo en mi camino.

Meditación

Siéntate o recuéstate en una posición cómoda. Cierra los ojos y respira profundamente un par de veces. Cada vez que exhales, relaja tu cuerpo más y más. Después respira profundamente de nuevo y cada vez que exhales relaja tu mente. Permite que tus pensamientos circulen sin aferrarte a ninguno. Deja que tu mente no concentre su atención. Relaja tu conciencia hacia un profundo lugar en tu interior.

Imagina que hay una poderosa presencia en tu interior. Esta presencia es totalmente amorosa, fuerte y sabia. Es protectora, orientadora y se preocupa por ti. En ocasiones puede ser muy fuerte y enérgica. También puede ser muy ligera, alegre y juguetona. A medida que la conoces y confías en ella, hará tu vida excitante, significativa y realizada.

Puedes tener una imagen, un sentimiento o una sensación física que represente esta presencia superior. Aunque no la sientas o veas, asume que se encuentra ahí.

Relájate y disfruta la sensación o el pensamiento de que el universo te está cuidando totalmente. Pronuncia esta afirmación para ti, silenciosamente o a toda voz: "Siento y confío en la presencia del universo en mi vida."

3. Intuición

Una vez que reconocemos el poder superior del universo, surge la pregunta obvia: "¿Cómo podemos entrar en contacto con este poder y tener acceso a él?" Después de todo, si existe una sabiduría superior o un conocimiento más profundo en nuestro interior del que normalmente experimentamos, si lo convocamos debemos poder recibir una valiosa guía de cómo vivir bien en este confuso mundo. Este hecho comenzó a nacer en mí hace muchos años cuando inicié mi viaje a la conciencia. Desde entonces he descubierto que se puede llegar a la sabiduría que reside en cada uno de nosotros a través de lo que comúnmente llamamos intuición. Al aprender a contactarla, escucharla y actuar de acuerdo con ella, podemos conectarnos directamente con esta sabiduría interior y permitir que se convierta en nuestra fuerza orientadora.

Nos encontramos en el lado opuesto de la vida ya que a la mayoría de nosotros se nos ha enseñado a vivir en el mundo viejo. En la civilización occidental actual, hemos aprendido a respetar e inclusive a adorar el aspecto lógico y racional de nuestro ser, y a desechar, despreciar o negar nuestra intuición. Reconocemos la habilidad de los animales para comprender las cosas que están más allá de su capacidad racional; a lo que llamamos instinto. Pero se trata de un misterio que desafía toda explicación lógica, así que nos encogemos de hombros y desechamos la cuestión como extremadamente inferior a la magnífica habilidad humana de razonar.

La totalidad del sistema de valores de nuestra cultura está firmemente basado en la creencia de que el principio racional es superior y, de hecho, constituye la verdad más depurada. La tradición científica occidental se ha convertido en nuestra religión. Se nos enseña desde pequeños a intentar ser racionales, lógicos y consecuentes; a evitar el comportamiento emotivo e irracional así como a reprimir nuestros sentimientos. En el mejor de los casos, las emociones y los sentimientos son considerados tontos, débiles y molestos. En el peor de los casos, tememos que puedan amenazar los cimientos de la sociedad civilizada.

Nuestras instituciones religiosas establecidas con regularidad alimentan este temor por lo intuitivo, por el ser irracional. En algún tiempo muchas religiones estuvieron basadas en una profunda conciencia del principio espiritual universal que reside en todo ser, ahora tan sólo es una idea expresada de dientes para afuera. En su lugar, buscan controlar el comportamiento de sus feligreses, utilizando elaboradas reglas estructurales encaminadas a salvar a la gente de su naturaleza "pecadora", profunda e irracional. De acuerdo a muchas teorías psicológicas, debe ser controlada la oscura y peligrosa naturaleza instintiva del hombre. Desde esta perspectiva, sólo nuestro lado racional es capaz de aprovechar esta misteriosa fuerza y de canalizarla en formas sanas y constructivas.

En nuestra alabanza de lo racional y nuestro miedo a lo irracional, negamos no sólo nuestras emociones y energías instintivas como la sexualidad y la agresión, sino también nuestro natural sentido intuitivo, que tiene la función, en nuestras vidas, de ser una fuerza orientadora primaria.

Generalmente, las sociedades técnicamente menos avanzadas, conciben la vida con una profunda conciencia del elemento intuitivo de la existencia, y un gran respeto por él. Todos los momentos de su vida están guiados por una profunda conexión con la fuerza creativa. Sin embargo, es esta misma carencia de desarrollo técnico la que ha contribuido a su gradual destrucción o subversión a manos de la civilización moderna. Existen dos ejemplos relevantes en el caso de los Estados Unidos: los indígenas nativos de Norteamérica y las culturas africanas. Estos dos grupos fueron devastados por su contacto con la cultura europea/americana. Sin embargo, una profunda curiosidad ha empezado a emerger en nuestra conciencia en los años recientes. La cultura africana, que fue traída a la fuerza a América, probablemente ha hecho más que ninguna otra cultura en los Estados Unidos, por mantener con vida el poder intuitivo, a través de una fuerte conexión con el espíritu.

En la evolución humana, parece que a medida que nuestra capacidad racional se ha desarrollado, nos hemos vuelto cada vez más temerosos de los otros aspectos de nuestra naturaleza. Intentamos controlar estas "fuerzas oscuras", al crear reglas estructurales y autoritarias que definan lo correcto y lo incorrecto, lo bueno y lo malo, el comportamiento apropiado e inapropiado, de una manera bien determinada. Justificamos este rígido acercamiento a la vida achacándoselo todo a la naturaleza irracional: desde nuestros muy personales dramas emocionales hasta enfermedades sociales como las drogas y el alcoholismo, el crimen, la violencia y la guerra.

Lo cierto es que todos los aspectos de nuestro ser son parte integral, importante y valiosa de nosotros. Entre más desconfiemos y reprimamos estas energías, es más probable que estallen de forma distorsionada; es decir, nuestros problemas no necesariamente están causados por nuestra naturaleza emocional e irracional que se manifiesta violenta e incontroladamente, por el contrario, tanto los problemas personales como los sociales son probablemente resultado del temor y la represión de nuestras emociones, nuestra naturaleza instintiva y nuestra intuición. En este libro nos concentramos en cómo podemos recuperar el poder de nuestro sentido intuitivo.

Una vez que hemos aceptado la realidad del poder superior que es canalizado a nosotros a través de nuestra intuición, se hace claro que muchos de nuestros problemas personales y de enfermedades en el mundo, en verdad son provocados por no obedecer a nuestra intuición.

Nuestra mente racional es como una computadora: procesa la información que recibe y formula conclusiones lógicas basadas en esta información. La mente racional es finita; sólo puede procesar la información que se le proporciona directamente. En otras palabras, nuestra mente racional tan sólo puede operar sobre la base de la experiencia directa que cada uno de nosotros ha tenido a lo largo de la existencia.

La mente intuitiva, por otro lado, parece tener acceso a una fuente infinita de información. Parece estar capacitada para llamar a una profunda reserva de conocimiento y sabiduría: la mente universal. También puede clasificar información y proporcionarnos exactamente lo que necesitamos, cuando lo necesitamos. Aunque el mensaje puede llegar poco a poco, si aprendemos a obedecer a esta fuente de información parte por parte, se nos revelará el curso correcto de nuestras acciones. A medida que aprendemos a confiar en esta guía, la vida toma una cualidad fluida y sin esfuerzo. Nuestra vida, sentimientos y acciones se entreveran de forma armónica con las de las personas que nos rodean.

Es como si cada uno tocara un instrumento único en una enorme orquesta sinfónica, dirigida por la inteligencia universal. Si interpretamos nuestra parte sin tomar en cuenta ni las indicaciones del director ni al resto de la orquesta, habrá un caos total. Si tratamos de encontrar nuestras señales de entrada de los ejecutantes que nos rodean en lugar de obtenerlas del director, será imposible alcanzar la armonía: hay demasiadas personas, todas tocando cosas diferentes. Nuestro intelecto no puede procesar tanta información y va decidiendo qué nota es la mejor para interpretar en cada momento. Sin embargo, si observamos al conductor y seguimos sus indicaciones, podemos experimentar el gusto de tocar nuestra parte exclusiva, que puede ser escuchada y apreciada por todos, y al mismo tiempo experimentar ser parte de una gran todo armonioso.

Cuando aplicamos esta analogía a nuestras vidas, vemos que la mayoría de nosotros no se había dado cuenta de que un conductor estaba presente. Hemos vivido como hemos podido, utilizando exclusivamente nuestro intelecto para entender nuestras vidas, para averiguar el mejor camino a seguir. Si somos honestos con nosotros mismos, admitiremos que en realidad no estamos produciendo muy buena música sólo con la guía de nuestra mente racional. La disonancia y el caos en nuestras vidas y en el mundo ciertamente reflejan la imposibilidad de vivir de esta manera.

Al localizar a la intuición y permitirle convertirse en la fuerza orientadora de nuestras vidas, dejamos que nuestro "conductor" interior tome el papel de líder de la orquesta, al cual tiene derecho. En vez de perder nuestra libertad individual, recibimos el apoyo que necesitamos para expresar eficientemente nuestra individualidad. Además, disfrutaremos la experiencia de ser parte de un proceso creativo mayor.

Aún no comprendo del todo cómo es que la intuición trabaja de esta asombrosa manera, pero en definitiva sé que funciona ya que lo he comprobado gracias a mi experiencia directa y a través de la observación y de la retroalimentación de muchas personas con las que he trabajado. También sé que a medida que confío y obedezco más en esta "voz" intuitiva interior, mi vida se vuelve más completa, más llevadera y excitante.

Meditación

Siéntate o recuéstate en una posición cómoda dentro de un lugar tranquilo. Cierra los ojos y relájate. Respira profundamente, y con cada respiración relaja tu cuerpo más y más. Relaja tu mente y permite que tus pensamientos vaguen sin aferrarte a ninguno de ellos. Imagina que tu mente se transforma en un silencioso y apacible lago.

Ahora concentra tu conciencia en algún lugar profundo de tu cuerpo, en el área de tu estómago o plexo solar. Debe ser el lugar de tu cuerpo donde sientes que están tus "sensaciones viscerales". Este es el lugar físico donde fácilmente puedes contactar a tu intuición.

Imagina que tienes a un ser sabio viviendo en ese lugar. Podrías tener una imagen de la apariencia de este ser sabio, o tal vez sólo sientas que está ahí. Este ser sabio es en realidad parte de ti: es tu ser intuitivo. Te puedes comunicar con él al "hablarle" en silencio, haciéndole peticiones o formulándole preguntas. Después descansa, no pienses mucho con tu mente racional y mantente alerta a recibir respuestas. Las respuestas usualmente son muy simples, se relacionan con el momento presente (ni con el pasado ni con el futuro), y se experimentan como *correctas*.

Si no recibes una respuesta inmediata, deja que pase el tiempo y continúa con tu vida. La respuesta vendrá después, ya sea desde tu interior como un sentimiento o una idea o del exterior a través de una persona, un libro, un evento o de cualquier otra forma.

Por ejemplo, puedes decir: "Intuición, dime lo que necesito saber aquí. ¿Qué necesito hacer en esta situación?"

Confía en la sensación que obtengas y *actúa* de acuerdo a ella. Si en verdad se trata de tu intuición, encontrarás que te conduce a un sentimiento de más vida y poder, y más oportunidades comenzarán a abrirse para ti. Si no te conduce a estas cosas, tal vez no has estado actuando desde tu intuición sino desde alguna otra voz interior. Regresa y pide una aclaración.

Se necesita práctica para escuchar y confiar en tu intuición. Entre más lo hagas, será más fácil. Finalmente, estarás capacitado para contactar a tu intuición, formularte preguntas y sabrás que en ese ser sabio está disponible una increíble fuente de poder y fuerza que puede resolver tus preguntas y guiarte. A medida que te hagas más sensible a esta guía, tendrá más sentido lo que necesitas hacer en cada situación. Tu poder intuitivo está siempre disponible para guiarte cuando así lo necesites. Se te ofrecerá en la medida en que estés más dispuesto para confiar en ti mismo y en tu conocimiento interior.

4. Convirtiéndose en un CANAL CREATIVO

Tú te conviertes en un "canal creativo" para el poder superior del universo, sin que importe qué tanto escuchas y obedeces a tu intuición. Cuando de buena gana sigues a donde te conduce tu energía creativa, el poder superior puede llegar a ti para manifestar su labor. Cuando esto suceda, te encontrarás fluyendo con la energía, haciendo lo que en realidad quieres hacer, y sentirás cómo el poder del universo se mueve en ti para crear o transformar todo lo que te rodea.

Cuando uso la palabra canal, no me estoy refiriendo al proceso psíquico de canal de trance. Este involucra a un médium que entra en estado de trance y permite que otro ser se manifieste a través de él o ella. Por canal entiendo estar en contacto con la sabiduría y creatividad y traerlas de tu *propia* y más profunda fuente. Ser un canal significa ser total y libremente tú mismo y saber conscientemente que eres un vehículo para la creatividad del universo.

Todos los genios creativos han sido canales. Toda obra maestra ha sido creada a través del proceso de canal. Las grandes obras no han sido creadas únicamente por la personalidad. Provienen de una profunda inspiración de nivel universal, y se expresan y toman forma a través de la personalidad individual.

Una persona puede tener grandes habilidades técnicas, pero sin la capacidad de conectarse con la fuente profunda, su trabajo carecerá de inspiración. La diferencia entre un técnico y un canal se demostró claramente en la película *Amadeus*. El músico Salieri sabía cómo componer música, pero no sabía cómo convocar a la fuente creativa. Mozart compuso música que era técnicamente perfecta y maravillosamente inspirada, y lo lograba con facilidad, espontaneidad y sin pensarlo o esforzarse. Desde su primera infancia, la música parecía bullirle e inundarlo desde el interior. Tengo la seguridad de que no sabía cómo pasaba esto, y que no podría haber explicado a nadie cómo lograrlo.

Estos genios parecen siempre misteriosos e inexplicables, tienen un talento otorgado por Dios y poseído sólo por unos cuantos. Parece que este talento va y viene a voluntad: algunas veces se manifiesta, otras tantas no. Debido a esto, muchas personas creativas temen que su talento repentinamente desaparezca. No tienen idea de cómo lo adquirieron, así que no saben como recuperarlo en caso que se desvanezca.

La gente creativa con frecuencia funciona como canal sólo en un área de su vida (el arte, la ciencia o los negocios) y muchos no saben cómo hacerlo en otras áreas. Por lo tanto, sus vidas pueden estar terriblemente desequilibradas. (Consulta la sección sobre Gente altamente intuitiva en el capítulo de Confiando en la intuición.) Esta es la razón por la que generalmente equiparamos al genio con la inestabilidad emocional.

Yo creo que todos somos genios, cada uno de una forma especial. Descubriremos la naturaleza de nuestro genio personal cuando desistamos del intento de amoldarnos a los modelos propios o de la demás gente, cuando aprendamos a ser nosotros mismos, y cuando permitamos que se abra nuestro canal natural. Al confiar y actuar conforme a nuestra intuición, nos es posible convocar nuestra inspiración natural creativa en todo momento, y en cualquier área de nuestra vida.

Cuando hablo de canal, tengo la imagen de un largo tubo en medio del cual fluye la energía. Es similar a uno de los tubos de un órgano, por el que pasa la música.

Esta imagen del canal tiene tres características importantes:

1. Está hueco y sin ninguna obstrucción de tal manera que la energía puede pasar libremente.

2. Tiene una forma física específica; su estructura rodea el espacio abierto para que la energía sea canalizada de forma particular. Sin esta estructura, la energía se dispersaría sin dirección específica alguna.

3. Tiene una fuente de poder —algo que mueve energía a través del canal.

En un órgano tubular, la fuente de poder (el órgano) envía energía a través de los tubos. La combinación particular del espacio abierto en el interior de cada tubo y de la estructura (el tamaño y forma del tubo) provoca la entonación de cierta nota musical. Para todos los tubos la fuente de poder es la misma al igual que la energía que se desplaza por ellos, pero debido a que cada uno es de forma diferente, cada uno emite un sonido específico.

Podemos imaginarnos como canales similares a estos tubos. Tenemos una fuente de poder común (la fuerza universal de vida) y la misma energía creativa fluye a través de cada uno. Nuestro cuerpo y personalidad conforman la estructura que determina la singular dirección y función de cada uno de nosotros como canales. Depende de nosotros mantener el canal abierto y sin obstrucciones y desarrollar y continuar con una estructura corporal y una personalidad fuertes, sanas y bellas como vehículos para nuestra energía creativa. Podemos lograr esto al conectarnos constantemente, preguntando hacia dónde quiere ir la energía, y desplazándonos con ella.

Una vigorosa estructura corporal y de personalidad no se logra obedeciendo las reglas de otro o sus ideas acerca de lo que se debe comer, cómo se debe hacer ejercicio o cualquier otra cosa; *se crea básicamente al confiar en tu intuición y al aprender a seguir su dirección.* Cuando decidas qué comer, cómo hacer ejercicio, o cualquier otra cosa, reúne información de fuentes confiables, después consúltala contigo mismo para saber cuál sientes intuitivamente correcta para ti, y haz tu mejor esfuerzo para obedecer tu propia guía interior.

La mayoría de nosotros ha tenido experiencias ocasionales en que ha confiado en la intuición y ha visto cómo las cosas se resuelven de forma sorprendente. La siguiente historia verdadera es un buen ejemplo de esto. Hace algunos años, mi editora, Becky, había alcanzado lo que mucha gente llama "el sueño americano". Estaba casada, tenía una hija, un buen trabajo, dinero en el banco y era propietaria de su casa. Sin embargo, sentía un vacío interior.

Sentía un impulso interior de abandonar su trabajo e iniciar una carrera en el ámbito de las publicaciones. Su esposo no apoyaba esta idea. En realidad, creía que Becky no tenía la "educación formal necesaria" para conseguir un puesto en una casa editorial.

Finalmente se separaron, y Becky decidió hacer un cambio. Había estado leyendo muchos libros, incluyendo *Viviendo en la luz*, y sabía que quería trabajar con un editor en el área de crecimiento personal. Su sentido intuitivo le indicaba que debía mudarse al norte del estado de California.

Se trataba del paso más difícil y valeroso que jamás hubiera tomado. Se encontró en una nueva comunidad, sin amigos, sin trabajo y sin dinero. Al principio no tuvo suerte en su afán de conseguir un empleo editorial, por lo que buscó cualquier tipo de trabajo que le permitiera sobrevivir. Muchas veces se cuestionaba si su elección ameritaba tanto riesgo, y no obstante, continuaba sintiendo profundamente que se encontraba en la dirección correcta.

Finalmente, encontró trabajo en otra área. Pudo recuperar tanto su estabilidad financiera como su confianza. Continuó su búsqueda de un empleo en el área editorial y esta vez tuvo éxito. Con gusto aceptó un salario menor y un puesto de principiante en New World Library, la compañía en la que siempre había querido trabajar. Finalmente se sentía en casa. Cuando se redactó este texto, Becky había estado en esta compañía por seis años. Tenía el trabajo de sus sueños como directora editorial. Al seguir a su intuición, inclusive durante tiempos difíciles, encontró el lugar adecuado para expresar su creatividad y hacer su contribución al mundo.

Tú puedes haber tenido una experiencia similar, al escuchar a tu intuición acerca de algo que resultó ser fructífero y satisfactorio. Si es así, el siguiente paso consiste en volverte más consciente del proceso para que puedas reconocer cuando estás siguiendo el flujo de la energía, en lugar de bloquearla, combatirla o intentar controlarla. Entre más dispuesto estés a entregarte a la energía interior, más poder puede fluir a través de ti.

Sé que la mayoría de nosotros, en ciertas ocasiones, ha tenido la experiencia de sentir la energía de la vida, la sabiduría y el poder que fluyen por nosotros, cuando nos hemos momentáneamente sentido "iluminados". Tenemos un breve lapso de claridad y poder que se retira después. Cuando parte, nos sentimos perdidos e inseguros de nosotros mismos.

Entre más practiques confiar y obedecer a tu intuición, con más consistencia sentirás esa sensación de "fluir". En estos momentos te puedes encontrar exactamente donde quieres estar siempre. Estarás donde la energía está más potenciada para ti, haciendo lo que quieres hacer, y observando cómo se logran los milagros. También tu energía puede tener un poder transformador en los otros.

A medida que fortaleces el compromiso de confiar en ti, todo en tu vida puede cambiar. Primero, comienzas a abandonar los viejos modelos, puede parecer que las cosas de tu vida se deshacen. Puedes darte cuenta que tienes que abandonar ciertas cosas a las que has estado muy aferrado. Algunas de las relaciones en tu vida pueden disolverse o simplemente "se desinflan" debido a una falta de energía. Tus antiguos pasatiempos pueden ya no interesarte. Inclusive, puedes perder tu trabajo o decidir renunciar a él.

Por supuesto, estos cambios pueden ser desalentadores o pueden asustarte. No obstante, con el transcurrir del tiempo, verás que todo es parte de la transformación que estás viviendo. A medida que aprendes a ser auténtico contigo mismo, verás cómo atraes gente, trabajo, y otras circunstancias que reflejan tu evolución y tu desarrollo.

Manteniendo tu atención

Para vivir de manera íntegra y creativa, es importante concentrarte en obedecer a tu propia energía. Esta concentración le permite a tu canal permanecer abierto a la energía que fluye a través de él. Es muy fácil desconcentrarse, extraviarse en otras personas, en metas y en deseos externos. El problema radica en que hacemos exactamente eso: perdemos la conexión con nosotros mismos. Mientras estemos totalmente concentrados en el exterior, siempre habrá en nuestro interior un espacio vacío, hambriento, extraviado que necesita ser colmado.

Si estoy enamorada de alguien, y comienzo a conceptualizarlo como mi fuente de alegría, entonces me pierdo a mí misma. Debo recordar que el origen de la alegría y el amor reside en mí, que estoy experimentando el amor de forma externa tan sólo porque está dentro de mí. Debo intentar mantener la atención en el universo que está en mi interior y a la vez sentir que dicho universo llega a mí a través de mi amante.

Para mí, se trata de una disciplina constante recordar regresar al interior para conectarme con mi intuición. Me recuerdo a mí misma con regularidad hacer esto durante el día el. Si me descubro extraviándome en actividades exteriores, inquiero en mi interior para ver si estoy siendo auténtica conmigo misma. Esto mantiene el flujo del universo activo a través mío.

A medida que aprendemos a concentrarnos en nuestros sentimientos intuitivos, en obedecer nuestra propia energía y en vivir nuestra verdad, encontramos que la fuerza vital incrementa su movimiento a través nuestro. La sensación creciente de sentirse vivo es tan maravillosa que se convierte en nuestra más importante fuente de satisfacción.

Nos sentimos menos atados a las cosas exteriores de nuestras vidas. Parece menos importante que las cosas vayan como las planeamos o no, cuando sentimos que nuestra satisfacción proviene de mantener nuestra conexión con nuestra propia energía vital. Es irónico que, cuando somos auténticos con nosotros mismos, las cosas externas de nuestra vida reflejan nuestra integridad interior. Atraemos y creamos exactamente lo que nuestros corazones y almas en verdad desean.

Viviendo como un canal

El trabajo de canal se da en dos direcciones: la energía fluye desde ti hacia los demás, o desde los demás hacia ti. Por ejemplo, mientras escribo mi libro, me concentro en la energía del universo que fluye a través de mí hacia los otros. Pero cuando la gente me dice: "Adoro tus libros; me han cambiado la vida", estoy consciente del aprecio que viene de ellos hacia mí; y a través de mí, de regreso a la fuente universal.

A medida que estás cada vez más consciente del flujo vital que se desplaza a través de ti, y de todos y todo; tu cuerpo estará cada vez más capacitado para canalizar la energía. Entre más energía estés dispuesto a recibir, mayor será la energía que puedas dar.

Convertirse en un canal despejado para el universo representa el mayor desafío para cualquier ser humano y ofrece el mayor potencial de gozo y satisfacción. Ser un canal significa vivir completa y apasionadamente en el mundo, tener relaciones profundas, jugar, trabajar, crear, disfrutar del dinero y las posesiones materiales, ser tú mismo, y al mismo tiempo mantener una profunda conexión con el poder del universo que reside en ti, aprendiendo y creciendo con cada experiencia que tengas.

Entonces puedes observar al universo cuando crea a través de ti; él puede utilizarte para realizar este trabajo.

Vivir como un canal es un constante proceso de aprendizaje apto para cualquiera que esté dispuesto a asumir su compromiso interior.

Canalización grupal

A medida que desarrollamos nuestra habilidad para confiar y obedecer a nuestra intuición, aprendemos a abrir y fortalecer nuestro canal individual de manera que podamos convocar, a través nuestro, mayor poder, creatividad y amor. Cuando nos reunimos en una relación o en un grupo, cada canal individual pasa a formar parte de un canal mayor. Se crea un canal grupal que es más poderoso de lo que puede ser cualquiera de nosotros de forma individual.

Cuando un conjunto de cuerpos y mentes está dispuesto a entregarse, abrirse y crecer, la combinación de estas energías crea una estructura muy fuerte, muy abierta, que permite desplazar más energía del universo. El proceso se intensifica tremendamente y todos los involucrados obtienen de la energía un poderoso "jalón", capaz de movernos a cada uno hacia nuestro siguiente nivel de crecimiento. A pesar de que todos estemos de cierta forma en lugares diferentes y atravesando por cosas distintas, cada persona recibe la inspiración, el apoyo, el estímulo o lo que sea necesario para que de el siguiente paso en su viaje existencial. Una canalización grupal nos puede llevar a un nivel más profundo de conciencia; durante el proceso, compartimos más de nosotros mismos y sanamos de cosas que nos habían retenido.

Esta es una de las razones por las que me encanta enseñar en talleres y trabajar con grupos. Mis amigos me llaman una "adicta a la energía" porque siempre me atraen las situaciones donde la energía es más intensa y expandida. Me encanta la forma en la que mi proceso personal de crecimiento se acelera con la intensificación que se da en los grupos.

He encontrado que al encabezar un grupo, usualmente necesito comenzar con cierta estructura y hacerme

VIVIENDO EN LA LUZ

responsable de mantener la posición de líder. A medida que el grupo avanza, puedo ir abandonando la estructura cada vez más y gradualmente permitir que la energía espontánea del grupo tome el control.

Cuando todos se entregan y abren, se forma el canal grupal. En ocasiones, este proceso puede ser confuso y caótico porque como líder, ya no estoy "en control" en el sentido usual de la palabra. Puede despertar mis temores y los de los demás, pero cuando estoy dispuesta a moverme a través de los miedos, algo poderoso y hermoso emerge a través del canal grupal. El universo nos conduce a nuevos lugares y a nuevos descubrimientos a los que no tendríamos acceso si nos hubiéramos mantenido bajo una estructura más formal. Para mí el proceso de canalización grupal es muy emocionante y provechoso.

De cierta forma, todos los que viven en este planeta son parte de un gigante canal grupal: la conciencia masiva de la humanidad. Este mundo, como está ahora, es la creación de un canal grupal. A medida que cada uno de nosotros, individualmente, se entrega al poder del universo y permite que el poder para transformar lo ilumine, el canal grupal se modifica de manera análoga. La conciencia masiva evoluciona cada vez más. Esta es la forma en que veo cómo se transforma nuestro mundo.

Meditación

Siéntate o relájate en una posición cómoda. Cierra los ojos. Respira profundamente y relaja tu cuerpo. Respira de nuevo y ahora relaja tu mente. Continúa respirando lenta y profundamente y abandona todas las tensiones y ansiedades. A medida que te relajas, te encuentras en un profundo y apacible lugar de tu interior. Permítete descansar en ese lugar por algunos momentos, sin necesidad de hacer o pensar nada.

Desde este profundo y apacible sitio, comienza a sentir la fuerza vital de tu interior. Imagina que estás obedeciendo a tu propia energía, siéntela, confía en ella, desplázate con ella en todos los momentos de tu vida. Estás siendo completamente auténtico para ti mismo, expresando y viviendo tu verdad. Te sientes vital y fortificado. Imagina que estás expresando tu creatividad de forma total y libre, y permítete disfrutar de la experiencia. Al ser quien eres en realidad y expresarte a ti mismo, obtienes un efecto de sanación y fortificación en las personas que encuentras y en el mundo que te rodea.

5. EXPLORANDO NUESTROS MUCHOS SERES

Todos nacemos con un número infinito de cualidades y energías en nuestro interior. Una de las tareas más importantes en la vida consiste en descubrir y desarrollar tantas de estas energías como nos sea posible, para poder estar equilibrados y explorar todo el rango de nuestro potencial.

Podemos conceptualizar estas energías como diferentes arquetipos, subpersonalidades o seres dentro de nosotros. Es como si existieran diversos personajes viviendo en nuestro interior, cada uno con su propia tarea y propósito.

Ya que el mundo físico existe en un esquema dual, para cada una de estas energías interiores, existe su energía contraria. Para poder experimentar integridad y equilibrio, necesitamos desarrollar e integrar ambos lados de cada polaridad.

La mayoría de nosotros, no obstante, no está acostumbrado a pensar de esta forma. Se nos ha enseñado a pensar en una exclusiva forma lineal: bueno/malo, correcto/incorrecto; por eso, si una cualidad es buena o deseable, su opuesto es malo o indeseable.

Por ejemplo, a muchos de nosotros se nos ha enseñado que dar a los demás es virtuoso y admirable; una persona que da mucho es una buena persona. Por lo tanto, se piensa que recibir es egoísta; una persona que recibe mucho para sí, puede ser juzgada como menos valiosa que la persona que da.

Alguien con valores diferentes puede entender esto de manera contraria. Puede admirar a una persona que sabe tomar mucho para sí y pensar que esa persona es lista y exitosa, mientras que desprecia a la persona que es menos agresiva y más generosa pensando que es tonta y que se puede sacar ventaja de ella de forma sencilla.

En cualquiera de las posiciones, un polo es alabado mientras que su opuesto es deplorado. De hecho, tanto dar como recibir son igualmente importantes y valiosos. Si damos mucho y no podemos tomar o recibir en la misma medida, nos volvemos disminuidos y rencorosos. Si tomamos mucho y no podemos dar, perdemos la satisfacción de hacer una contribución, y provocamos el resentimiento de los demás. Si podemos dar y recibir más o menos equilibradamente, experimentamos una sana sensación de satisfacción.

Desde el momento en que nacemos, empezamos a experimentar con las diferentes energías en nuestro interior. Dependemos totalmente de nuestros padres o de quienes nos cuiden para sobrevivir y estar bien, por lo que somos extremadamente sensibles a sus reacciones. Si expresamos una energía que invoca aprobación y atención positiva, muy probablemente continuaremos desarrollando esa cualidad. Por otro lado, si algo de lo que hacemos trae desaprobación, crítica o castigo, probablemente lo abandonaremos (a menos que sea la única forma de atención que podamos obtener, en tal caso podemos seguir usándola).

Muy pronto nos formamos una buena idea de qué energías nos ayudan a satisfacer nuestras necesidades y cuáles parecen causarnos más problemas de los que valen la pena. Esto varía enormemente de acuerdo a cada individuo, sistema familiar, época y cultura.

Mientras crecemos, continuamos desarrollando las energías que parecen funcionar mejor para la satisfacción de nuestras necesidades. Nos identificamos mucho con estas cualidades; y esto es lo que pensamos que somos. Estas energías dominantes se convierten en nuestros *seres prima-*

rios: los personajes internos cuyo trabajo consiste en cuidarnos y hacer que nuestras vidas funcionen lo mejor posible.

Con frecuencia hay un grupo de seres primarios que trabaja unido como un equipo, tomando la mayoría de nuestras decisiones en nuestro nombre. Por ejemplo, algunos de mis seres primarios son extremistas, el complaciente (quien quiere hacer a todos felices para que yo les guste), el presionador (quien quiere que trabaje y consiga muchas cosas), la madre cuidadosa (quien cuida del niño en otras personas para que se sientan bien conmigo), y el maestro-sanador consciente. También hay otro tipo de seres en el equipo. Todos ellos han trabajado arduamente para hacer de mí una persona valiosa, bienamada y exitosa.

Por cada ser primario, existe una energía opuesta, que muy seguido ha sido reprimida o negada porque de una manera o de otra entendimos que no era correcta, o porque simplemente no existía la oportunidad para desarrollarla. Estas energías se vuelven nuestros *seres negados*. Usualmente están enterradas en nuestra psique, y a veces desconocemos totalmente su existencia o estamos conscientes de ellas e intentamos ocultarlas del mundo. Los seres negados constituyen nuestro lado sombrío; son la parte de nosotros de la que nos sentimos avergonzados, apenados, temerosos o incómodos. Nuestros seres primarios generalmente trabajan mucho para asegurar que no mostremos estos seres negados al mundo, ya que están convencidos de que esto traerá críticas, rechazo, abandono o alguna clase de desastre.

El problema reside en el hecho de que cada uno de estos seres negados contiene una energía que es parte importante de nosotros. En realidad, muy seguido la necesitamos desesperadamente para lograr la sanación y el equilibrio en nuestras vidas. Sin embargo, mientras que nuestro lado sombrío nos atemorice, no podremos tener acceso a las energías que necesitamos.

Por ejemplo, si uno de tus seres primarios es *poder*, y estás muy identificado con ser fuerte, competente e independiente, es muy probable que hayas negado tu lado vulnerable, la parte de ti que siente depender de otros y tiene necesidades de amor y de apoyo. Desde el punto de vista de tu ser primario de poder, tu lado vulnerable puede parecer desagradable, y puede ser extremadamente peligroso mostrarlo al mundo, por temor a ser herido. Puedes estar consciente de tener un lado vulnerable, o puedes no estarlo, pero no quieres que otros lo vean por temor a sus críticas. Curiosamente, te darás cuenta de que siempre atraes gente vulnerable a tu vida, y a veces puedes criticar mucho el hecho de que sean tan "débiles".

Lo creas o no, necesitas aceptar conscientemente tu lado vulnerable. Sin él, no puedes tener una intimidad auténtica con otros, y no puedes recibir en verdad. Estás desconectado de una parte muy importante de tu experiencia humana.

La vida tiene una forma impresionante de reflejarnos exactamente y confrontarnos con las energías que necesitamos descubrir en nuestro interior para integrarlas en nuestras vidas. Esto tiene lugar en nuestros sueños, en los que con frecuencia se nos muestran de manera simbólica las relaciones entre nuestros seres primarios y aquéllos que hemos negado. Por lo regular, sucede en nuestras relaciones, donde los otros nos reflejan los diferentes seres de nuestro interior. Nuestros desequilibrios se manifiestan en todas las áreas de nuestras vidas desde nuestra salud hasta nuestras finanzas.

¿Cómo nos concientizamos de los muchos seres que tenemos en el interior y logramos equilibrarlos en nuestras vidas?

El primero y más importante paso consiste en comenzar a reconocer nuestros seres primarios. ¿Con qué cualidades y energías te identificas más? ¿Puedes empezar por identificar a los seres que toman la mayoría de tus decisiones automáticamente y manejan tu vida?

Queremos honrar y apreciar a nuestros seres primarios por lo que han hecho por nosotros, y a la vez separarnos un poco del hecho de estar totalmente identificados con ellos. Tan pronto como nos volvemos conscientes de ellos como *energías en nuestro interior* en lugar de pensar que *son lo que somos*, empezamos a desarrollar lo que se llama "conciencia del ego" ★ (la habilidad de reconocer y tener todos los diferentes seres que residen en nosotros, para que así podamos hacer una elección consciente acerca de qué seres llamar en una situación determinada).

Una vez que tenemos algún grado de conciencia con relación a nuestros seres primarios, los seres negados comienzan a manifestarse. Los seres primarios generalmente permanecen como nuestras cualidades más fuertes, pero comenzamos a experimentar más balance y nuestras vidas comienzan a trabajar mejor cuando empezamos a integrar la energía proveniente de los seres que previamente habíamos negado. Desligarse de los seres primarios, desarrollar la conciencia del ego y reconocer a los seres negados es un proceso gradual que se lleva a cabo a lo largo de una vida. No obstante, cada paso que tomamos en este camino puede hacer una gran diferencia en nuestras vidas.

Nuestra sabiduría intuitiva es una de las energías o seres de nuestro interior. Si hubiésemos sido motivados para confiar en nuestra intuición desde pequeños, o hubiéramos tenido una figura paterna intuitiva como modelo de comportamiento, nuestra intuición sería un ser primario. Debido a que nuestra cultura tiende a negar o devaluar nuestra función intuitiva, para la mayoría de nosotros se trata de un ser negado o relativamente poco desarrollado, mientras que la racionalidad es usualmente uno de los seres primarios.

Si la racionalidad es un ser primario, y la intuición uno negado, para contactarnos con nuestra guía interior, necesitaremos separarnos de la sobre identificación que

---

★ Las ideas y la terminología de este capítulo, incluyendo los conceptos de seres primarios, seres negados y conciencia del ego, se derivan del trabajo de los doctores Hal y Sidra Stone: la psicología de los seres y la técnica del diálogo de voz.

tenemos con nuestro lado racional. Podemos lograr esto al reconocerla como un aspecto de lo que somos, y al empezar a ver cómo funciona en nuestras vidas. Una vez que tenemos más conciencia de esta forma, ya no estamos tan identificados con ella y podemos comenzar a tener elecciones conscientes de cómo y cuándo usarla. Esto también crea el espacio para explorar nuestro lado intuitivo.

Si la intuición es un ser primario, podemos tener dificultades para pensar de manera lógica o para manejar cuestiones prácticas con conocimiento de causa. En este caso, necesitaremos desarrollar nuestro lado racional y práctico para fundamentar nuestra intuición en el mundo físico.

Apropiándonos de nuestro lado sombrío

Existe un sencillo principio universal: todo en el universo quiere ser aceptado. Todos los aspectos de la creación quieren ser amados, apreciados e incluidos. Por ello, cualquier cualidad o energía que no te permites experimentar o expresar insistirá en manifestarse en tu interior o a tu alrededor hasta que la reconozcas como parte de ti, hasta que la aceptes y la integres a tu personalidad y a tu vida.

Muchas personas que están involucradas en el crecimiento personal se identifican sobremanera con las energías y las cualidades que consideran como "espirituales": tranquilidad, amor, generosidad, y así por el estilo. Al intentar desarrollar estos aspectos, continuamente rechazan o niegan otros aspectos que consideran "no espirituales": agresión, agresividad, honestidad a ultranza, vulnerabilidad humana. Por desgracia, esto crea un inmenso lado sombrío en su interior, que contribuye a la sombra colectiva de energías negadas de nuestro mundo.

Para algunos, puede ser muy impresionante darse cuenta que si nos sobreidentificamos con la paz y el amor, y negamos nuestro guerrero interior, no estamos contribuyendo a la paz mundial. En realidad es exactamente lo contrario. Si no reconocemos a nuestro guerrero interior y lo canalizamos de forma constructiva en nuestras vidas, él retrocede a las sombras de nuestra psique individual y colectiva y ciertamente contribuye a la perpetuación de la guerra en nuestro planeta.

Si verdaderamente deseamos la paz interior y mundial, debemos realizar la difícil, pero fascinante tarea de apropiarnos y apreciar todos los aspectos de quienes somos: haciendo auténticamente las paces con nosotros mismos. La verdadera conciencia involucra poseer ambos lados de cada polaridad, sin identificarnos con uno. Explorar y aceptar nuestra oscuridad es la única manera de vivir verdaderamente en la luz.

Meditación

Ponte en una posición cómoda en un lugar silencioso. Trae a tu mente una de tus características personales principales o ser primario. Siente en el ámbito corporal esa energía. Ahora imagina una energía opuesta, que puede estar negada o menos desarrollada en ti. Imagina cómo se sentiría esa energía. ¿Cuáles serían los beneficios de desarrollar más la habilidad de contactar esa energía? ¿Cómo puede producir mayor equilibrio en tu vida?

Prueba si puedes sentir equilibrio de ambas energías al mismo tiempo. Por ejemplo, si eres una persona extrovertida, puedes equilibrarte con una energía más tranquila e introspectiva. Si eres muy trabajador, puedes equilibrar esto con una energía de relajamiento o lúdica.

6. EL MUNDO COMO NUESTRO ESPEJO

El mundo físico es nuestra creación: cada uno de nosotros crea su propia versión del mundo, su realidad particular, su exclusiva experiencia de vida. Debido a que estoy creando mi vida, puedo sopesar mi creación en busca de retroalimentación acerca de mí. Así como un artista aprecia su más reciente creación para ver qué funciona y qué no, y por lo tanto mejorar sus habilidades, nosotros podemos observar la evolución de nuestras vidas como obra maestra para apreciar quiénes somos y reconocer lo que todavía nos queda por aprender.

Creamos nuestras vidas sobre la marcha, por lo tanto, nuestras experiencias nos brindan, en un instante, un reflejo evolutivo de nosotros. De hecho, el mundo exterior es como un gran espejo que refleja nuestra conciencia de manera clara y precisa. Una vez que hemos aprendido a observar ese espejo y a percibir e interpretar sus reflejos, poseemos una fabulosa herramienta para la autoconciencia.

El comprender que el mundo es nuestro espejo nos puede ayudar a apreciar nuestras vidas como un reflejo de nuestras creencias, actitudes y esquemas emocionales. Conceptualizado de esta forma, el mundo externo nos puede enseñar los aspectos ocultos que no podemos apreciar directamente. El proceso se basa en dos condiciones:

1. Asumo que todo en mi vida es mi reflejo, mi creación; no hay accidentes o eventos que no estén relacionados conmigo. Si veo o siento algo, si tiene algún impacto

en mí, entonces mi alma lo ha atraído o creado para demostrarme algo. Si no refleja una parte de mí, ni siquiera podría verlo. Toda la gente en mi vida es un reflejo de los diferentes personajes y energías que habitan en mí.

2. Siempre procuro evitar devaluarme debido a los reflejos que veo. Sé que nada es negativo. Todo es un regalo que me lleva a la autoconciencia —después de todo, estoy aquí para aprender—. Si ya fuera perfecto, no estaría aquí. ¿Por qué debería enojarme conmigo cuando veo cosas de las que no tenía conciencia? Sería como si un estudiante de primer año de primaria se frustrara porque no está en la universidad todavía. Procuro mantener una actitud compasiva hacia mí y hacia mi proceso de aprendizaje. En la medida en que puedo hacer esto, el proceso de aprendizaje se torna divertido y verdaderamente interesante.

Estoy aprendiendo a ver mi vida como una película fascinante y arriesgada. Todos los personajes en ella son parte mía, se proyectan en la pantalla grande de forma tal que los puedo ver claramente. Una vez que veo y reconozco los diferentes sentimientos y voces de mi interior, puedo comprender que se trata de importantes y valiosas partes que necesito para mi total expresión en esta vida.

Si la película retrata problemas, broncas o batallas, sé que debo revisar en mi interior para averiguar si estoy siendo auténtica conmigo misma o tengo que realizar mayores aprendizajes y sanaciones. También sé que cuando estoy confiando en mí y siendo más yo misma, todo en mi vida lo refleja al ocupar su lugar fácilmente y funcionar con fluidez.

Los problemas son mensajes

Si hay problemas en tu vida, el universo está intentando llamar tu atención. Te dice: "¡Oye, hay algo que debes saber, algo que necesita ser cambiado!" Si prestas atención a los pequeños indicios, aprenderás de ellos; pero si no lo haces así, los problemas se intensificarán hasta que

70

captes el mensaje y comiences a prestar atención. Si aceptas que cada vez que se suscita un problema, el universo te está mostrando algo, realizarás rápidos progresos en tu camino de autodescubrimiento.

Cuando algo "negativo" sucede, es muy tentador exclamar: "¿Por qué me pasa esto a mí? Estoy haciendo lo mejor que puedo, pero nada parece ir bien. No entiendo por qué sigo con este problema." Si te das cuenta que estás haciendo esto, intenta explorar otra forma de concebir las cosas. Dirígete a tu interior y dile al universo: "Sé que estás tratando de mostrarme algo. Ayúdame a comprender qué es."

Después de que lo hayas hecho, ya no le prestes mayor atención y continúa con tus cosas, pero mantente atento al mensaje. Puede manifestarse en la forma de un sentimiento o conscientización internos, pueden ser algunas frases pronunciadas por un amigo o algo inesperado que te suceda. El mensaje puede darse inmediatamente o puede tardar algún tiempo. Uno de mis pacientes fue despedido, de manera inesperada, hace cerca de dos años. En un principio, estaba deshecho, pero después de varios meses de "retomar las riendas", empezó un negocio por su propia cuenta. Ahora su negocio va viento en popa, pero fue tan sólo hace algunas semanas que comprendió el mensaje que reflejaba su despido. Mientras hablaba con otro amigo acerca de trabajar como empleado de alguien, repentinamente se dio cuenta que el episodio del despido le intentaba decir que él ya estaba preparado para iniciar sus propios negocios, en lugar de trabajar para otra persona. Para él, esta toma de conciencia no solamente reafirmó el curso actual de su vida, sino también resolvió la sensación de fracaso, provocado por el despido, que le había acosado desde el incidente.

Interpretando el reflejo

Lo más engañoso de usar el proceso de espejo es aprender a interpretar el reflejo. Ya que has captado el mensaje, pero no tienes la seguridad de lo que es ¿cómo lo averiguas?

No ayudará el analizarlo exhaustivamente u obsesionarse con él ayudado de la mente racional. Es mucho más efectivo activar tu ser intuitivo, para solicitar ayuda al universo. Sencillamente siéntate en silencio, respira profundamente algunas veces y enfoca la atención en tu conciencia interior —en tu parte conocedora, la que está en contacto con la sabiduría del universo—. Solicita a esta sección, ya sea en silencio o en voz alta, guía o ayuda para comprender el mensaje. Cuando te contactes con tus sentimientos viscerales y obtengas el sentido de lo que es correcto en ese momento, actúa de acuerdo a ese sentir.

Después de actuar de acuerdo a tus sentimientos, procura permanecer alerta a la retroalimentación, tanto externa como interna, proveniente de tus acciones. La retroalimentación externa consiste en qué tan bien funcionan las cosas. ¿Parece que las cosas ocupan su lugar y funcionan fácilmente? Si es así, es seguro que estés en contacto con tu guía interior. Si estás batallando con algo que no sucede fácilmente, se trata de un mensaje para que regreses a tu interior y averigües lo que en realidad quieres hacer.

La retroalimentación interior llegará como sensaciones. Si te sientes fortificado y más vivo, entonces es correcto. La clave final es la sensación de estar muy vivo. Entre más se mueva el universo dentro de ti, más vivo te sentirás. De manera contraria, cada vez que no sigues a tu guía interior, experimentas una pérdida de energía, de poder, una sensación de muerte espiritual o emocional.

Si eres más auténtico contigo, te sientes más vivo, pero también te puedes sentir incómodo. ¡Esto es porque te estás arriesgando a cambiar! A medida que haces ciertos cambios, puedes experimentar emociones intensas tales como miedo, pena o enojo. Permite que estas emociones se expresen; después de todo, tu guía interior tiene que desplazarse a través de años en los que se ha acumulado mucha inconciencia, negación, dudas y temores. Así que permite que tus sentimientos surjan y se laven: estás siendo limpiado y sanado.

En periodos como éste, es muy importante tener apoyo emocional y un lugar seguro dónde explorar tus sentimientos y realizar el proceso de sanación. De ser posible, te recomiendo encontrar un buen terapeuta o grupo de apoyo: un ambiente donde seas motivado y apoyado para que experimentes tus propios sentimientos y necesidades, expresándote honestamente y confiando en tu propio sentido de lo que es correcto para ti.

Cuando estás cambiando y creciendo rápidamente, tus dudas y miedos internos frecuentemente se reflejarán en aquéllos que te rodean. Si tus amigos y familiares cuestionan o juzgan tus cambios, date cuenta que tan sólo están reflejando tus voces dubitativas y temerosas como: "¿Acaso estaré haciendo lo correcto? ¿En realidad puedo confiar en este proceso?."

Responde a esta clase de retroalimentación de los otros en la forma que consideres más apropiada: reasegurándolos, ignorándolos, discutiendo con ellos, etcétera. Lo importante es que reconozcas que en verdad estás tratando con tus propios miedos. Los conflictos que puedes experimentar con otros están reflejando los conflictos contigo mismo, entre las partes de ti que quieren crecer y cambiar, y aquéllas que se sienten seguras actuando de la forma en que siempre lo han hecho. Mantente firme en el hecho de que estás aprendiendo a confiar en ti cada vez más. Te sorprenderá notar con qué frecuencia los otros empezarán a reflejar tu creciente confianza y seguridad al responderte también con confianza y seguridad.

A continuación encontrarás algunas formas en las que el espejo de la vida nos refleja:

Si te juzgas y criticas, otros te juzgarán y criticarán.

Si te hieres, otros te herirán.

Si te mientes, otros te mentirán.

Si eres irresponsable contigo mismo, otros serán irresponsables contigo.

Si te culpas, otros te culparán.

Si te violentas emocionalmente, otros te violentarán emocionalmente, e inclusive físicamente.

Si no atiendes a tus sentimientos, nadie los atenderá.

Si te amas, otros te amarán.

Si te respetas, otros te respetarán.

Si confías en ti, otros confiarán en ti.

Si eres honesto contigo mismo, otros serán honestos contigo.

Si eres gentil y compasivo contigo, los otros te tratarán con compasión.

Si te aprecias, otros te apreciarán.

Si te honras, otros te honrarán.

Si te disfrutas, otros disfrutarán de ti.

Cambiando viejos esquemas

Es sumamente importante que te des cuenta de que es probable que no puedas cambiar tus viejos esquemas de la noche a la mañana. Algunas veces las cosas parecen cambiar rápidamente, una vez que has reconocido el mensaje; pero otras es como si continuaras haciendo lo mismo y obtuvieses los mismos desagradables resultados, mucho tiempo después de que has aprendido a hacer las cosas mejor. A la personalidad le toma tiempo cambiar sus hábitos, así que tal vez tengas que ver la misma película algunas veces más.

Si sientes que tu progreso es demasiado lento, solicita ayuda al universo y también busca ayuda humana, a través de un terapeuta o un grupo de apoyo. Los cambios no se dan si te obligas a cambiar, sino haciéndote consciente de lo que *no* funciona. Puedes entonces pedir ayuda a tu ser superior para liberar los viejos esquemas y para atraer a los nuevos. Recuerda, la hora más oscura es exactamente antes que amanezca: el cambio se da justamente cuando te das por vencido, o cuando menos lo esperas.

Utilizando el proceso de espejo

Al usar al mundo como tu espejo, debes manejar las realidades externas de tu vida de la forma que necesites manejarlas. Pero tan pronto como puedas, ya sea antes, durante o después que hayas manejado lo externo, comprueba en tu interior qué es lo que te ha sido mostrado.

Por ejemplo, si alguien está enojado contigo y te culpa o te juzga, tal vez necesites decirle: "No me culpes. No quiero oír tus críticas y juicios acerca de mí. Si puedes hablar de tus propios sentimientos, estaré dispuesto a escucharte, pero si sigues atacándome, mejor me voy." Si los demás se hacen más responsables de sus sentimientos (por ejemplo: "Me sentí herido y enojado porque no me telefoneaste ayer"), probablemente podrás continuar la conversación en un plano más productivo. Si continúa acusándote y se concentra en tus faltas, tal vez sea necesario que te ayudes a ti mismo retirándote de la habitación y rehusándote a continuar la conversación hasta que cesen los ataques.

Cualquiera que haya sido tu proceder, has manejado la situación exterior. Ahora, tan pronto como tengas la oportunidad, comprueba con tu interior y pregúntate: "¿Qué será lo que el enojo de esta persona me está reflejando?" Te puedes dar cuenta que últimamente te has sentido enojado y crítico contigo mismo. O, tal vez, descubras que una parte de ti está desilusionada porque no te has puesto la suficiente atención. Cuando otras personas quieren más de ti, por lo general esto te indica que tú quieres más de ti mismo. De hecho, se puede tratar de una señal de que es tiempo de aparecerte y hacerte presente frente a tus propias necesidades y sentimientos. Curiosamente, las otras personas a nuestro alrededor comienzan a sentirse mejor cuando estamos más presentes con nosotros mismos.

Una amiga mía descubrió que su novio había estado viendo a otra mujer y le mentía al respecto. Ella estaba muy herida y enojada, particularmente debido a la deshonestidad. Sostuvieron una larga conversación en la que ella pudo expresarle sus sentimientos. Después, se tomó una temporada por su cuenta, sola, para organizar sus cosas.

Cuando se encontraba sola, se preguntó a sí misma: "¿De qué manera me estoy mintiendo a mí misma, que provoca que atraiga a un hombre deshonesto?" Dejó de pensar en el asunto y se fue a trabajar. Al terminar el día, se dio cuenta que continuamente había sentido que este hombre no estaba presente con ella del todo, no había sido auténtico con ella. Pero en el pasado, había negado y encubierto estos sentimientos porque temía confrontarlo con lo que sentía y sabía de manera intuitiva. Por lo tanto, era cierto, se había mentido a ella misma y lo había apoyado en sus engaños.

Ella se dio cuenta que esto era una lección para aprender a confiar más en sus sentimientos y para tener el valor de expresarlos y apoyarlos. Empezó a hacer esto con su novio, y finalmente establecieron una relación más honesta y comunicativa. Ella también pudo haber elegido cancelar la relación. Lo que aquí importa es que ella recibió el regalo que la situación tenía: aprender a confiar y a expresar sus sentimientos.

Si te alteras emocionalmente debido a lo que una persona hace, es probable que ambos se estén reflejando el uno en el otro. Puede parecer que tienen perspectivas distintas, pero en el interior es muy factible que sean similares. Uno de ustedes está llevando a cabo un lado del conflicto interno y el otro se encarga del otro lado.

Por ejemplo, una persona puede querer mayor compromiso en una relación, mientras que la otra quiere más libertad. Se vuelven extremadamente polarizados en esta cuestión y verdaderamente creen desear cosas contrarias. No obstante, si repentinamente una persona cambia su posición (la que quería compromiso de repente quiere libertad), la otra persona se coloca en la polaridad contraria. La razón detrás de esto es que están tratando de resolver un conflicto interior que *ambos* tienen: el deseo de cercanía y seguridad y la necesidad de independencia y autonomía (que se puede interpretar como el miedo a la soledad en contra del miedo a sentirse atrapado).

Una vez que la gente comprueba con su interior y se hace más consciente de sus sentimientos, es frecuente que reconozcan que sencillamente han proyectado su conflicto interno en el mundo exterior para así poder reconocerlo y manejarlo. Si una persona en verdad desea una relación comprometida, simplemente atraerá a otra persona que desea lo mismo. Si alguien tiene la total seguridad que desea experimentar estar con varias parejas, lo hará así. Al utilizar el proceso de espejo, puedes reconocer lo que en realidad sientes y aprenderás a ser más honesto contigo mismo. Una vez que has reconocido un conflicto interno, puedes aceptar que ambas polaridades están auténticamente en tu interior y encontrarás la manera de honrar a ambas energías. Por ejemplo, todos tenemos las polaridades de desear cercanía en las relaciones y al mismo tiempo queremos independencia y autonomía. Como seres conscientes, debemos aprender a satisfacer *ambas* necesidades. Al honrar a este par de energías interiores, podemos aprender a crear relaciones en las que convivan la cercanía y la independencia.

Considerar al mundo como tu espejo también te brinda oportunidades maravillosas de recibir retroalimentación positiva. Piensa en todo lo que te gusta y disfrutas en tu vida presente. Tú has creado estas cosas; también son tus espejos. Piensa en la gente que amas, disfrutas, respetas y admiras. Son tus espejos. No podrían estar en tu vida si no te reflejarán: no podrías reconocer sus cualidades positivas si tú no tuvieras cualidades similares. Piensa en la gente y en los animales que te aman. Son un reflejo de la forma en que te amas a ti mismo. Si tienes una casa que quieres, o un lugar especial de la naturaleza que encuentras muy bello, es un reflejo de tu propia belleza. Cuando encuentras belleza por doquier, es un reflejo tuyo.

Hay espejos en todas partes. Cualquier persona con la que tengas una conexión, es un espejo para ti, y entre más profunda sea la conexión, el espejo será más poderoso. Parte de lo fascinante de usar el proceso de espejo consiste en descubrir quiénes somos a través de estos reflejos exteriores. La clave está en regresar siempre a tu interior para

77

descubrir el significado que para ti tiene el reflejo. Entre más dispuesto estés a hacerlo sin racionalizar lo que ves o culpándote por ello, más rápido puedes desarrollar y expresar tu multifacético potencial interior.

Meditación

Relájate y cierra los ojos. Respira profundamente y desplázate a un lugar profundo de tu interior. Trae a tu mente a alguna persona o cuestión importante en tu vida y pregúntale qué es lo que te está reflejando. Mantente abierto para recibir la respuesta, ya sea que venga como palabras, sentimientos o imágenes. Puede presentarse de inmediato o algún tiempo después.

Ejercicios

1. Piensa en una persona a quien quieres y admiras especialmente. Enlista todas sus cualidades positivas. Piensa en cómo esas cualidades te reflejan. En algunos casos, se puede tratar de cualidades que no has desarrollado completamente en ti mismo. Acepta que esa persona está aquí para enseñarte e inspirarte con su ejemplo.

2. Elabora una lista de las cosas y de las personas que te gustan especialmente. Celébrate y apréciate por crear y atraer a estos espejos.

3. Piensa en alguien a quien juzgas o con quien te sientes incómodo. Intenta descifrar qué cualidad tiene que te disgusta tanto. Es muy posible que se trate de una cualidad tuya que niegas o criticas. ¿Piensas que tu vida puede mejorar si haces las paces con esta cualidad, y puedes expresar esa parte de ti?

Por ejemplo: Si te disgusta alguien que parece muy egoísta, puede estar reflejando una parte negada de ti que quiere poner más atención en tus propias necesidades. Tal vez estás sumamente identificado con el hecho de cuidar a otros.

7. Espíritu y forma

El espíritu es la esencia de la vida, la energía del universo que crea todas las cosas. Cada uno de nosotros es parte de ese espíritu: es una entidad divina. Por lo que el espíritu es el ser superior, el ser eterno que vive en nuestro interior.

La forma es el mundo físico. Como individuo, mi forma es mi cuerpo y mi personalidad, que incluye mi mente y mis emociones. Es también mi autoconcepto –mi estructura de ego y de identidad: "Mi nombre es Shakti Gawain. Nací el 30 de septiembre de 1948. Mido cinco pies con nueve pulgadas. Soy inteligente y por lo general tengo una personalidad extrovertida." Toda la información anterior es acerca de mi forma.

Nosotros, como seres espirituales, creamos el mundo físico como un lugar de aprendizaje. Es nuestra escuela, nuestro patio de recreo, nuestro estudio de artista. Creo que estamos aquí para dominar el proceso de creación y para aprender a integrar todos los niveles de nuestro ser (espiritual, mental, emocional y físico) para así poder vivir en el mundo físico en equilibrio e integridad.

Los estudiosos de la física están descubriendo lo que los metafísicos han afirmado por miles de años: aparentemente la materia sólida está, en realidad, hecha de energía. Si observamos cualquier cosa "sólida" con la ayuda de un poderoso microscopio, veremos un número infinito de pequeñas partículas que vibran. Si examinamos con detenimiento una de estas partículas, descubriremos que está formada de partículas aun más pequeñas, y así en adelante. El hecho es que todo lo físico está formado por "energía" —a la que también llamamos "fuerza vital" o "espíritu"—. Así que la ciencia moderna apoya la antigua verdad metafísica de que la forma se crea a partir del espíritu.

Cuando el espíritu decide manifestarse como forma física, lo primero que crea es un cuerpo físico en el cual habitar. Seleccionamos una situación de vida y creamos un cuerpo de acuerdo con lo que sentimos que nos servirá mejor y nos enseñará durante esta vida. En última instancia, nuestro objetivo es crear un cuerpo y una personalidad que puedan expresar de manera completa nuestro divino espíritu creativo, una forma que pueda hacer fácil, hábil y bellamente todo lo que desea nuestro espíritu.

Sin embargo, nuestra forma física (cuerpo/personalidad) tiene su propia e importante tarea que realizar. Su principal responsabilidad consiste en asegurar que sobrevivamos físicamente, y una vez que esto se ha logrado, que en verdad prosperemos física y emocionalmente en esta vida. Así que nuestras formas tienen cierta conciencia de que trabajan asegurándonos suficiente alimento y abrigo, protegiéndonos del peligro, produciendo una sensación de seguridad al ratificar que la reproducción tenga lugar y que los descendientes sobrevivan, creando familias y comunidades en las que podemos dar y recibir el alimento emocional que necesitamos, y encontrando el sentido de pertenencia.

La energía de nuestro espíritu es muy diferente de la energía de nuestra forma. El espíritu tiene una visión y una perspectiva muy amplias, pero entiende muy poco de lo que significa estar en una forma humana. Ésta contiene nuestra experiencia humana, con todas sus limitaciones y vulnerabilidades, y también con el conocimiento de cómo vivir en el mundo real.

Después de que hemos nacido como cuerpo, la mayoría de nosotros olvidamos quiénes somos en el plano espiritual y por qué estamos aquí. Tomamos conciencia de la "sobrevivencia" en el mundo físico y nos extraviamos en él. Olvidamos que somos almas, creyendo que sólo somos nuestra personalidad. Perdemos el contacto con nuestra fuente de poder y nos sentimos perdidos y desvalidos. La vida se convierte en una tremenda lucha por encontrar significado y satisfacción.

Podemos invertir muchas vidas atrapados en este círculo. Ciertamente, muchos de nosotros hemos invertido muchos años durante esta existencia buscando fuera de nosotros, intentando encontrar satisfacción en el mundo de la forma. Finalmente, nos percatamos de que no funciona: sin importar lo que hacemos en el mundo, no encontramos la felicidad profunda. Nos volvemos renuentes a invertir otra vida, otro año, e inclusive otro minuto en esta lucha vana. Víctimas de la frustración y la desesperación, nos damos por vencidos.

Generalmente este es un estado doloroso y terrible en la vida de una persona: es como tocar fondo. Es como una especie de muerte de nuestra vieja identidad cuando la forma reconoce lo inútil de intentar vivir de esta manera y da por concluida su lucha. Prefiere morir, a seguir intentando. En este período la persona frecuentemente puede tener pensamientos y sentimientos relacionados con la muerte, o puede experimentar la muerte de un amigo cercano o de algún familiar (o de varios de ellos). Algunas personas, durante este lapso, crean una seria enfermedad, accidente o alguna otra crisis mayor; otras consideran el suicidio e inclusive lo intentan.

Pero la hora más oscura se da justamente antes del amanecer. Cuando finalmente desistimos en la lucha por encontrar satisfacción "allá afuera", no tenemos otro lugar al cual ir, sino al interior. Es en este momento de total rendición que una nueva luz comienza a aparecer. Cuando abandonamos el viejo estilo de hacer cosas, creamos el espacio para que se aposente una nueva energía.

Es como si volviéramos a nacer. Somos niños en el mundo nuevo y no sabemos cómo vivir ya que ninguna de nuestras añejas formas de proceder funciona aquí. Nos sentimos dubitativos y fuera de control. Aun así la esperanza renace en nosotros, y nuevos poderes y visiones comienzan a manifestarse. Este puede ser el inicio del desarrollo de una forma que esté consciente de nuestro espíritu y pueda integrarlo.

Ram Dass tiene una bella analogía para este proceso. Lo relaciona con un reloj, donde las 12:00 es el punto de arranque. Entre las 12:00 y las 3:00 la vida está completamente extraviada en el mundo de la forma. De las 3:00 a las 6:00 es cuando se toca fondo. Sientes que pierdes todo, pero cuando pasas las 6:00, estás en realidad despertando a tu reconexión con el espíritu. A partir de las 6:00 y de regreso a las 12:00 se da una creciente integración del espíritu y la forma. Como individuos, estamos en diferentes niveles de este proceso. Tengo la sensación de que cada uno de nosotros tiene un ciclo mayor de este tipo que perdura durante muchas vidas físicas, y que también tenemos un número infinito de pequeños ciclos, ¡algunas veces diariamente!

Cuando nosotros, como individuos, redescubrimos por primera vez nuestro espíritu, generalmente nos inclinamos a alimentar y cultivar esta conciencia. Esto con frecuencia significa alejarse del mundo en cierta forma, y adentrarse en el interior. Para algunas personas esto se manifiesta como pasar temporadas en medio de la naturaleza; para otros puede significar practicar la meditación, o asistir a retiros y así por el estilo; para otros puede ser sencillamente el encontrar tiempo para estar solo y tranquilo. Casi siempre es tiempo de separarse parcial o totalmente de las relaciones personales, del trabajo y/o de otras ataduras que tienden a alejarnos de nosotros mismos. Cada uno de nosotros es único, así que todos experimentamos este cambio interior de diferentes maneras. De una forma o de otra, aprendemos a retirarnos al interior, por algún tiempo, a ése tranquilo lugar de nosotros mismos. Ahí encontramos una conexión, cada vez más profunda, con nuestro espíritu.

Cuando estamos profundamente conectados con nosotros mismos de esta manera, con frecuencia descubrimos que poseemos una sensación de claridad, sabiduría, poder y amor. Esto se debe a que en ese momento, estamos conectados con la energía expansiva del espíritu, y no nos distraemos con los problemas y responsabilidades de lidiar con el mundo de la forma.

Si elegimos seguir uno de los caminos espirituales tradicionales, permaneceremos más o menos desconectados del mundo. De esta manera, podemos ser auténticos para nuestro espíritu y evitamos involucrarnos con las ataduras y esquemas de nuestra forma. Sin embargo, nunca tenemos la oportunidad de integrar totalmente el espíritu y la forma.

Para crear el mundo nuevo, se nos desafía a introducirnos en el mundo de la forma armados con una total conciencia espiritual. Necesitamos reconocer las diferencias entre espíritu y forma y necesitamos aprender a integrarlas.

Integrando espíritu y forma

El primer paso en el proceso de integrar conscientemente forma y espíritu es estar capacitado para *reconocer* y *sentir* tanto la conciencia de tu espíritu como la conciencia de tu forma. Puedes estar acostumbrado a sentir sólo una de ellas la mayor parte del tiempo, con ocasionales intervenciones de la otra. O tal vez osciles entre las dos perspectivas. Es como si una tomara control del cuerpo por algún tiempo y tú vieras las cosas desde ese punto de vista. Después la otra toma el mando y repentinamente todo se ve muy diferente.

Esta idea puede explicar cosas que muchos de nosotros estamos experimentando en nuestras vidas. ¿A qué se debe que tengamos maravillosos momentos de conciencia y claridad, y después encontramos que hemos perdido totalmente nuestra perspectiva y volvemos a sumirnos en el miedo y el dolor de nueva cuenta? ¿A qué se debe que un día nos podemos sentir muy amorosos, sabios y receptivos y al siguiente nos sentimos muy enojados, tontos y críticos? ¿Por qué sentimos que en verdad "agarramos la onda" durante un taller, para después "perderla" al día siguiente? ¿Por qué nos sentimos tan tranquilos y despegados cuando meditamos, y al mismo tiempo nuestras relaciones están peor que nunca? ¿Cómo podemos confiar en la abundancia del universo, y seguir teniendo problemas financieros?

La respuesta es sencilla: estamos manejando las discrepancias entre el espíritu y la forma. Se trata de una cuestión muy difícil de confrontar, y en verdad estamos enfrentando un verdadero desafío. Muchas personas llegan a este punto y tienen muchas dificultades para seguir adelante.

Por ejemplo, con regularidad tengo ideas creativas para un nuevo proyecto que quiero llevar a cabo. Tengo una clara imagen de lo maravilloso que puede ser y como puede funcionar. Todo esto proviene de mi espíritu, por supuesto. Me entusiasmo mucho y me monto en el proyecto, haciendo toda clase de planes e iniciando actividades en esa dirección. Unos días o semanas después, me siento totalmente agobiada, molida por el excesivo trabajo, frustrada y lista para tirar por la ventana todo el plan. Mi espíritu tuvo una visión auténtica, pero trataba de llevarla a cabo sin tomar en cuenta las necesidades de mi forma humana. En este punto tengo que detenerme y considerar lo que es realista para mí, dejar de lado el proyecto por un tiempo y dejar que se tarde más y se desarrolle lentamente. Mi espíritu tiende a adelantarse, pero debe aprender a seguir el paso que mi forma puede llevar.

El segundo paso consiste en *amar* y *aceptar* ambos aspectos de tu ser. Los dos son hermosos y forman parte vital de ti. Sin tu espíritu no estarías vivo: sólo serías un cuerpo muerto. Sin tu forma no podrías estar en este mundo: existirías en otro plano de conciencia.

En ocasiones, puede ser frustrante ver que tu forma no puede estar a la altura de los ideales que puede tener tu espíritu. Es importante reconocer que tu forma tiene su propia sabiduría y que el espíritu puede aprender de la forma así como también es cierto lo contrario. Después de todo, hemos elegido venir a este plano de existencia para experimentar ser un humano.

Por ejemplo, hace muchos años yo vivía con un hombre y teníamos una "relación abierta"; en otras palabras, estábamos en la libertad de tener otros amantes. Tenía un fuerte ideal espiritual de que podía amarlo profundamente y dejarlo en la libertad de seguir la energía que sintiera con alguien más, mientras que yo estaba en la libertad de hacer lo mismo. Algunas veces, tuve la capacidad para hacer esto, por períodos breves, y tuve algunos hermosos momentos cuando experimenté un amor expansivo, estimulante e incondicional. Pero la mayor parte del tiempo me sentía abrumada por los celos y el dolor emocional. Finalmente me di cuenta de que mi ideal espiritual sencillamente no coincidía con la naturaleza de mis sentimientos y necesidades humanas. Me quedó muy claro que yo sólo podía experimentar la clase de intimidad emocional que quería a través de una relación monógama.

Una de las claves importantes para integrar espíritu y forma es aprender a escuchar a tu intuición y actuar de acuerdo a ella. Tu guía interior siempre te llevará en la dirección de un mayor equilibrio e integración entre el espíritu y la forma. Inclusive durante el proceso de aprender a confiar en tu intuición, tu espíritu se desplaza más rápidamente que tu forma.

Aquí llegamos a un punto muy importante: no puedes forzar a tu forma para que confíe y obedezca a tu intuición por decreto. Debes permitir que se eduque a sí misma a través de la observación consciente.

En otras palabras, no te puedes forzar siempre a seguir a tus sentimientos intuitivos, a pesar de que deseas vivir de esa manera. Algunas veces puede parecer muy riesgoso; a pesar que tu espíritu sabe que funcionará, tu forma tiene miedo de proceder así. No te obligues a hacer más de lo que estás listo para hacer. Sólo observa el proceso y sé honesto contigo mismo acerca de tus sentimientos al respecto, entonces el cambio se dará de manera natural y espontánea.

Por ejemplo, supongamos que hay algo que le quieres decir a un amigo tuyo, pero tienes miedo de hacerlo ya que temes que tu amigo se sienta herido o se enoje y te rechace. Si sabes que tienes el suficiente valor, di lo que sientes. Observa qué sucede y lo que sientes. Existen muchas probabilidades que te sientas energetizado y fortificado por la experiencia.

Pero, si estás muy asustado para decir la verdad, no te fuerces a sobrepasar tu temor. De nuevo, sólo obsérvate al estar con tu amigo sin ser tú mismo. Date cuenta que experimentas una pérdida de vida y energía; también puedes experimentar resentimientos hacia tu amigo. *Procura no juzgarte por tu falta de acción. Recuerda, este es un proceso de aprendizaje.*

El espíritu en general tiende a expandirse, a tomar riesgos y al cambio. La forma con frecuencia se inclina hacia lo que siente como seguro, busca el *status quo*, porque su función básica es asegurar la sobrevivencia y teme que el cambio conlleve desastres o muerte.

Si estás capacitado para observarte sin racionalización o juicio, comenzarás a notar que cuando confías y obedeces a tu energía de manera total, te sientes mucho mejor. Al contrario, cuando tus viejos esquemas de temor e inmovilidad te controlan, te sientes mal. Después de un tiempo, tu forma capta claramente el mensaje y de forma espontánea sigue a la energía en lugar de al viejo esquema, porque sabe que se sentirá mejor. Al final, tendrás una forma que de manera automática se dirigirá a la energía más vital existente en cada situación, sin tener que pensarlo o controlarlo.

Durante este proceso de aprender a confiar en ti mismo, muchos sentimientos añejos y profundos esquemas emocionales surgirán para que sean sanados y liberados. Esta es una parte muy importante del proceso, y debes permitir que se realice. Se pueden activar viejos recuerdos y emociones. Pueden surgir sentimientos de tristeza, miedo, dolor, culpa y cólera. Permítete experimentarlos todos, deja que se limpien por medio tuyo, serán liberados. Están siendo limpiados para que abandonen tu forma. A medida que la luz del espíritu penetra en cada célula de tu cuerpo, la oscuridad se disipa.

Cuando aprendas a observar conscientemente el proceso de transformación, te verás repetir muchos de los viejos esquemas mucho tiempo después de que en apariencia sabes actuar mejor. Espiritual e intelectualmente te has dado cuenta que existe otra forma de hacer las cosas, pero en el plano emocional todavía estás aferrado a los viejos hábitos. Esta es una época difícil. Intenta ser paciente y compasivo contigo mismo. Cuando reconoces la futilidad de un viejo esquema de forma clara, es porque está a punto de cambiar. Poco tiempo después, comenzarás repentinamente a responder de manera diferente, en una forma más positiva.

A medida que realizas la tarea de integrar espíritu y forma, puedes notar cambios en tu cuerpo y volverte más ligero, más fuerte, con una forma más definida, más sano y más hermoso. Debido a que tu vida es tu propia creación y es el espejo de tu transformación, todas los aspectos de tu vida: trabajo, dinero, auto, casa, relaciones personales, comunidad, el mundo, crecientemente expresarán el poder y la belleza de tu espíritu.

Meditación

Ponte cómodo, relájate y cierra los ojos. Respira profundamente y relaja completamente tu cuerpo y tu mente. Permite que tu conciencia se desplace a un profundo y apacible lugar de tu interior.

Imagina que una hermosa luz dorada irradia desde un profundo lugar de tu interior. Comienza a crecer y a expandirse hasta que llena todo tu cuerpo. Es muy poderosa, y mientras te inunda, penetra en cada una de las células de tu cuerpo, literalmente despertando a la luz a cada célula. Imagina a todo tu cuerpo brillando e irradiando esta luz. Entonces, ve y siente cómo se transforma tu cuerpo: volviéndose más sano, más fuerte y más hermoso. Imagina que todo lo demás de tu vida se transforma de manera similar.

Ejercicio

Intenta observarte sin juzgarte y nota cuándo estás capacitado para escuchar a tus sentimientos intuitivos y actuar de acuerdo a ellos y cuándo no puedes hacer esto. Observa cómo te sientes y qué sucede en cada una de estas situaciones. Pídele a tu poder superior ayuda para aprender a confiar y obedecer cada vez más a tu energía.

8. LO MASCULINO Y LO FEMENINO INTERIORES

Cada uno de nosotros posee una energía masculina y una energía femenina que residen en nuestro interior. Creo que uno de los retos más importantes que tenemos en este mundo consiste en desarrollar completamente estas energías, de forma tal que puedan interactuar en armonía.

Las filosofías orientales siempre han incluido el concepto de yin (femenino/receptivo) y yang (masculino/activo) y han afirmado que todo lo existente en el universo está constituido por estas dos energías. En Occidente, Carl Jung realizó un trabajo pionero y estimulante con su concepto de *anima* y de *animus*. Explicó que los hombres tienen un lado femenino (*anima*) y las mujeres tienen un lado masculino (*animus*), y que la mayoría de nosotros ha reprimido seriamente estos aspectos, y que debemos aprender a hacer las paces con ellos. Jung y sus seguidores han hecho un trabajo fascinante usando los sueños, los símbolos y los mitos para ayudar a hombres y mujeres a recuperar sus aspectos perdidos y negados. Muchos otros filósofos, psicólogos, poetas, dramaturgos y artistas han expresado las ideas de las energías masculina y femenina en nuestro interior y en todo.

Como mencioné en la introducción, la persona que me ayudó más a entender el masculino y el femenino interiores fue Shirley Luthman. Sus ideas en esta área eran tan claras, simples y profundas que literalmente comenzaron a revolucionar mi existencia. Descubrí que este concepto me proporcionó una herramienta maravillosa ¡Podía ver casi cualquier cosa de mi vida, o del mundo, desde la perspectiva de las energías masculina y femenina y entender de una mejor manera lo que estaba sucediendo en realidad! Empecé a adaptar y a reinterpretar a mi manera las ideas que había aprendido de la filosofía oriental, de Jung y de Luthman y las incorporé a mi propia metáfora. Descubrí que en cualquier parte a la que iba, cuando empezaba a compartir esta metáfora con la gente, en realidad se iluminaba. Tenían la misma reacción que yo tuve: hace que muchas cosas sean más claras.

Algunas personas ofrecen resistencia a las palabras "femenino" y "masculino", porque en nuestra cultura tenemos muchas ideas preconcebidas acerca del significado de estas palabras, mucha "carga" emocional asociada a ellas. Si te es más cómodo, sustituye los términos por yin y yang, activo y receptivo, dinámico y magnético, por cualquier palabra que te parezca más atractiva.

Masculino y femenino

Yo concibo al aspecto femenino como nuestro ser intuitivo. Esta es la parte más profunda y sabia de nosotros. Esta es la energía femenina, tanto para hombres como para mujeres. Es el aspecto *receptivo*, la puerta abierta por la que puede fluir la inteligencia superior del universo, la abertura de entrada del canal. Nuestra parte femenina se comunica con nosotros a través de la intuición: son esos impulsos interiores, sentimientos viscerales o imágenes que provienen de un remoto lugar de nuestro interior. Si no le prestamos atención consciente durante nuestra vida diurna, ella trata de manifestarse por medio de los sueños, las emociones y el cuerpo. Es la fuente interior de la sabiduría superior, y si aprendemos a escucharla con atención, en cada momento, nos guiará perfectamente.

El aspecto masculino es acción: nuestra habilidad para realizar cosas en el mundo físico, para pensar, hablar, y mover nuestros cuerpos. De nuevo, seas hombre o mujer, tu energía masculina es tu habilidad para actuar. Es la abertura de salida del canal. La femenina recibe la energía creativa universal y la masculina la expresa en el mundo por medio de la acción —entonces se da el proceso creativo.

Nuestra parte femenina está inspirada por un impulso creativo y se nos comunica a través de un sentimiento; y nuestra parte masculina actúa de acuerdo a la femenina al hablar, moverse o hacer lo que sea apropiado.

Por ejemplo, un artista puede despertar con una inspirada idea para una pintura (una imagen comunicada por su femenino) e inmediatamente se dirige a su estudio, toma un pincel y comienza a pintar (acción que toma su masculino).

Una madre puede repentinamente preocuparse por su hijo (una advertencia de su femenino interior), corre a la cocina y retira al niño de la estufa caliente (acción que toma su masculino).

Una persona dedicada a los negocios puede tener el impulso de contactar a cierto asociado (orientación que realiza su femenino), hace una llamada (acción que toma su masculino), y organiza un nuevo negocio.

En cada caso, cuando el masculino y femenino interiores estaban en unión creativa, hubo un resultado creativo: una pintura, salvar a un niño o una nueva empresa de negocios. Incluso la sencilla secuencia de tener hambre, ir a la cocina y preparar comida ilustra el mismo proceso.

La unión de las energías femenina y masculina dentro del individuo es la base de cualquier creación. Nuestra intuición femenina aunada a nuestra acción masculina da por resultado la creatividad.

Para vivir con armonía y creatividad, necesitas que tanto tu energía femenina como tu energía masculina estén completamente desarrolladas y funcionen juntas de manera correcta. Para integrar totalmente el masculino y el femenino, necesitas colocar al femenino en la posición de guía. Esta es su función natural. Es tu intuición, la puerta a tu inteligencia superior.

Tu masculino la escucha y actúa de acuerdo a sus deseos. La verdadera función de tu energía masculina es absoluta claridad, rectitud y una apasionada fuerza que se basa en lo que el universo en tu interior te indica, manifestándose a través de tu lado femenino.

Tu lado femenino dice: "Siento esto." El masculino responde: "Escucho lo que sientes. ¿Qué quieres que haga?". Ella responde: "Quiero eso." Él dice: ¿Quieres eso? Está bien, te lo conseguiré." Y se dirige directo a conseguirlo, confiando en que en su deseo está la sabiduría del universo.

Recuerda que estoy hablando de un proceso interno en cada uno de nosotros. Algunas veces la gente exterioriza esta idea y piensa que estoy diciendo que los hombres deben dejar que las mujeres les indiquen qué hacer. Lo que en realidad estoy diciendo es que cada uno debe permitir que su intuición lo guíe, para después estar dispuesto a seguir esa guía directamente y sin miedos.

La naturaleza de lo femenino está formada por sabiduría, amor y una perspectiva clara que se expresan por medio de sentimientos y deseos. La naturaleza masculina es extrovertida, acomete acciones riesgosas a favor de lo femenino, en una situación muy parecida al caballero medieval y su dama.

Por medio de su rendición a ella y de la acción tomada en su nombre, nuestra energía masculina construye una estructura interna de personalidad que protege y honra la energía sensitiva de nuestro intuitivo femenino. Con frecuencia imagino a mi energía masculina detrás de mi energía femenina —apoyándola, protegiéndola y "sosteniéndola". En el caso de un hombre, la imagen puede ser la inversa— puedes ver a tu femenino como dentro de ti o a tus espaldas, guiándote, fortificándote, nutriéndote y apoyándote. Cuando estas dos energías están armonizadas y trabajando juntas, se logra un sentimiento increíble: un canal fuerte, creativo y abierto por donde fluyen el poder, la sabiduría, la paz y el amor.

El viejo masculino y el viejo femenino

Por desgracia, la mayoría de nosotros todavía no ha aprendido a permitir que nuestras energías femenina y masculina trabajen de manera natural, relacionadas apropiadamente una con la otra.

En nuestra cultura patriarcal, hemos utilizado nuestra energía masculina (la habilidad para pensar y actuar) para reprimir y controlar nuestra intuición femenina, en lugar de apoyarla y expresarla. A esto yo le llamo uso tradicional de la energía masculina, el "viejo masculino", y se da tanto en hombres como en mujeres, sin embargo; es más obvio y externo en los hombres, y más sutil e interno en las mujeres.*

El viejo masculino es esa parte de nosotros que quiere mantener el control. Tiene terror de nuestro poder femenino porque no quiere rendirse ante el poder del universo. Teme que si se rinde, perderá su identidad individual. Se aferra a su individualidad y diferencia a cualquier precio. Por lo tanto, niega el poder del femenino, que es una fuerza que se dirige a la unión y la integridad.

En relación con el viejo masculino, el femenino está desvalido en el mundo. Su poder no puede moverse independiente en el mundo físico sin el apoyo de la energía masculina. El poder femenino es reprimido y debe manifestarse de manera indirecta a través de esquemas de manipulación o enfermedades físicas, o de formas repentinas como son los estallidos emocionales.

Puedes notar que hombres y mujeres han actuado estos papeles al exterior. En el papel tradicional masculino, a los hombres se les enseña a negar y reprimir su femenino interior para convertirse en máquinas, no emocionales, bajo total control y represoras con las mujeres (en secreto, pueden temer a las mujeres porque ellas les recuerdan el poder del femenino interno, el cual se han dedicado a negar). Debido a que se encuentran desprendidos de su fuente interna de poder, se sienten solos y perdidos.

En el papel tradicional femenino la mujer también aprende a utilizar su energía masculina para negar y repri-

---

* Sidra Sone escribió un fascinante libro que explora la voz oculta patriarcal en las mujeres que se llama El rey de las sombras (The Shadow King).

mir su poder femenino. Esto la deja desvalida, dependiente de los hombres, y con la sola posibilidad de expresar su poder a través de la manipulación. (Puede temer que si los hombres averiguan qué tan poderosa es, la abandonarán, así que mantiene su poder guardado con celo —a lo mejor, inclusive, oculto a ella misma.)

Es importante darse cuenta que ambos, el viejo masculino y el viejo femenino, existen en cada sexo. Una mujer que se expresa en la forma tradicional descrita con anterioridad, tiene un viejo masculino, macho y controlador, en su interior que la reprime. Se inclinará a atraer hombres que reflejen esta personalidad masculina y que la actúen en su comportamiento hacia ella. Este comportamiento puede expresarse como paternalista y chovinista hasta llegar al abuso verbal y físico, dependiendo de la manera en que la mujer se trate a sí misma y de lo que piensa que merece. Cuando comienza a confiar más en ella y a amarse más, y empieza a usar su energía masculina interior para apoyarse, el comportamiento de los hombres en su vida reflejará ese cambio. Esto sucederá de manera drástica y continuará cambiando en la medida que ella cambie, o ellos desaparecerán de su vida para ser reemplazados por hombres que la apoyen y la aprecien, los cuales reflejarán su nueva actitud hacia sí misma. He visto esto muchas veces.

El hombre macho tradicional tiene una desvalida voz femenina en su interior que desesperadamente intenta que la escuchen. Tiene la tendencia a atraer a mujeres que tienen una pobre autoimagen y son dependientes y exigentes, o expresan su poder a través de la manipulación —actitudes infantiles, felinas, seducción, o deshonestidad—. Estas mujeres reflejan la falta de confianza y respeto que el macho tiene por su femenino interno al no confiar y respetarse a sí mismos. Al abrirse y confiar en su propia naturaleza femenina, él encontrará en su interior el nutrimento, el apoyo y la conexión que le faltaban. Las mujeres en su vida reflejarán este cambio al volverse más fuertes, más independientes, más directas y más honestas, y más genuinamente amorosas y atentas.

El nuevo masculino y el nuevo femenino

El poder femenino, el poder del espíritu, está siempre en nuestro interior. Es decisión de nuestra energía masculina determinar cómo nos relacionamos con ese poder. Podemos combatirlo, bloquearlo, tratar de controlarlo e intentar mantenernos separados de él o nos podemos entregar y abrirnos a él, aprender a apoyarlo y movernos con él.

Tanto individual como colectivamente nos estamos desplazando de una posición de temor y control hacia una posición de rendición y confianza en lo intuitivo. El poder de la energía femenina está al alza en nuestro mundo. A medida que emerge en nosotros, que la reconocemos y nos entregamos a ella, el viejo masculino interior se transforma. Vuelve a emerger, naciendo a través del femenino, como el nuevo masculino: el que se atreve a todo por la confianza y amor que tiene por ella. Debe crecer para convertirse en su igual en cuanto a poder para que así puedan ser los verdaderos compañeros que se supone deben ser.

Creo que el nuevo masculino ha nacido en realidad en nuestra conciencia sólo en los últimos años. Con anterioridad, teníamos muy poca experiencia en nuestros cuerpos de la verdadera energía masculina. El único concepto de masculino que teníamos era el viejo masculino patriarcal: una energía divorciada de lo femenino.

El nacimiento del nuevo masculino es sinónimo del nacimiento de la nueva era. El nuevo mundo está siendo construido en nuestro interior y se refleja a nuestro alrededor a medida que el nuevo masculino (la forma física) emerge con toda su gloria desde el poder femenino (el espíritu).

Una imagen

De vez en cuando realizo un proceso de visualización en el que pido una imagen de mi masculino y mi femenino. Cada vez que lo hago, recibo algo ligeramente diferente que me enseña algo nuevo. Quiero compartir contigo una de las más poderosas imágenes que he recibido, ya que es una clara ilustración de un aspecto de la relación entre el femenino y el masculino internos.

Mi energía femenina aparece como una hermosa y radiante reina, en la cual abunda el amor y la luz. Ella se transportaba por las calles en un pequeño carruaje llevado por varios cocheros. La gente se arremolinaba en las calles, esperando la oportunidad de verla. Era tan bella, amorosa y abierta que cuando pasaba saludando, sonriendo y arrojando besos, la gente de manera instantánea sanaba de cualquier dolor o limitación.

A su lado caminaba un guerrero samurai blandiendo una espada. Éste era mi energía masculina. Se entendía bien que si alguien osaba atentar contra la reina, el guerrero levantaría de inmediato su espada y sin piedad la descargaría contra el ofensor. Naturalmente al saber esto, ninguno se atrevía a hacerle daño.

Él estaba dispuesto a no dudar en la veracidad de su juicio y en su propia reacción, los cuales situaban a la reina en una situación segura y protegida. Al sentirse totalmente segura, sin necesidad de ocultarse o defenderse, se sentía en la libertad de ser abierta, suave y amorosa y de prodigar sus dones libre y generosamente a todos los que la rodeaban.

Meditación

Siéntate o recuéstate en una posición cómoda y cierra los ojos. Respira profundamente y relaja totalmente tu cuerpo y tu mente. Permite que tu conciencia se desplace a un lugar tranquilo de tu interior.

Ahora trae a tu mente una imagen que represente tu femenino interior. La imagen puede ser una persona real, un animal o puede ser algo más abstracto —una energía, un color o una forma—, o simplemente una sensación. Toma lo que llegue a tu mente de manera espontánea.

Observa a tu femenino y experimenta una sensación o un sentimiento de lo que representa para ti. Nota algunos de los detalles de la imagen. Percibe los colores y las texturas. Nota cómo te sientes con respecto a ella.

Pregúntale si tiene algo qué decirte en este momento. Permítete recibir su mensaje, el cual puede que no se presente con palabras. También puedes formularle cualquier pregunta que tengas. Puede haber algo que quieras saber de ella. De nuevo, recibe su comunicado, ya sea que se presente como palabras, sentimientos o imágenes.

Una vez que te has permitido recibir su mensaje, y te sientes completo en este momento, respira hondamente y libera su imagen de tu mente. Regresa a ese tranquilo y silencioso lugar.

Ahora esboza en tu mente una imagen que represente a tu ser masculino. De nueva cuenta, toma cualquier imagen que llegue a ti. Puede tratarse de un hombre real, o algo más abstracto como un símbolo o un color. Comienza a percibir sus detalles. Nota sus colores y sus texturas. Nota cómo te sientes con relación a él. Entonces, pregúntale si tiene algo que decirte en este momento. Sé receptivo para captar su comunicado, ya sea en palabras o de otra forma. Si tienes algo que preguntarle, hazlo ahora. Mantente abierto a cualquier frase o imagen que puedas recibir. Si no llega una respuesta de inmediato, ten la seguridad que más tarde llegará.

Una vez que te sientas completo con la comunicación que entablaste con él, libera su imagen de tu mente. Regresa a ese tranquilo espacio interior.

Ahora, pide a ambas imágenes que se manifiesten simultáneamente. Percibe como se relacionan la una con la otra. ¿Están relacionadas entre sí o se mantienen separadas? Si están relacionadas, ¿cómo es esta relación? Pregúntales si tienen algo que decirse entre ellas o a ti. Mantente abierto a lo que venga en frases, imágenes o sentimientos. Si tienes algo que decirles o preguntarles, hazlo ahora.

Cuando te sientas completo, de nuevo respira profundamente y libera sus imágenes de tu mente. Regresa a ese tranquilo y silencioso sitio de tu interior.

Ejercicio

Cierra tus ojos y contacta a tu voz intuitiva femenina. Pregúntale qué es lo que quiere —si hay algún don que desee o si hay algo que quiera decir o hacer. Cuando se haya expresado, imagina que tu masculino apoya su deseo. Ve cómo el masculino toma las acciones necesarias para honrar sus necesidades y deseo.

Cuando abras los ojos, haz tu mejor esfuerzo para hacer lo que tu intuición quiere que realices.

9. HOMBRES Y MUJERES

Todos comprendemos de forma instintiva las funciones básicas de las energías masculina y femenina, pero tal vez no estemos al tanto de que ambas existen en cada persona. Aún más, con frecuencia nos inclinamos a asociar cada una de estas energías con los respectivos tipos de cuerpo.

Por lo tanto, las mujeres se han convertido en el símbolo de la energía femenina. Tradicionalmente, las mujeres han desarrollado y expresado receptividad, cuidados, intuición, sensibilidad y emoción. En el pasado, muchas mujeres reprimieron, en algún grado, su agresividad, su acción directa, su intelecto y su habilidad para funcionar con eficacia y decisión en el mundo.

Asimismo, los hombres se han convertido en el símbolo de la energía masculina. Por tradición, han desarrollado su habilidad para actuar en el mundo de forma decidida, directa, y agresiva. Muchos hombres reprimieron y negaron su intuición, sus sentimientos, sus emociones, su sensibilidad y su poder de cuidar a otros.

Como no podemos vivir en el mundo sin todo el rango de las energías masculina y femenina, cada sexo ha dependido inútilmente del otro para sobrevivir. Desde esta perspectiva, cada persona es sólo la mitad de uno, dependiente de la otra mitad para su mera existencia. Los hombres han necesitado con desesperación de las mujeres para que les provean de los cuidados, la sabiduría intuitiva y el apoyo emocional sin los que en el inconsciente saben que morirían. Las mujeres han dependido de los hombres para que las cuiden y les brinden lo necesario en el mundo físico, donde no saben cómo cuidarse a sí mismas.

Puede parecer un arreglo correcto —los hombres ayudan a las mujeres, las mujeres ayudan a los hombres—, excepto por un problema fundamental: como individuo, si no te sientes íntegro, si sientes que tu sobrevivencia depende de otra persona, siempre tendrás el temor de perder al otro. ¿Qué pasará si esa persona muere o se va? Entonces tú también mueres, a menos que encuentres a otra persona dispuesta a cuidarte. Por supuesto, algo también podría sucederle a esa persona. Por lo que la vida se convierte en un estado permanente de temor en el que el otro es simplemente un objeto para ti —tu provisión de amor o protección—. Debes controlar esa fuente de provisión a cualquier costo: ya sea directamente (a la fuerza) o indirectamente (utilizando la manipulación). Por lo general, esto se da con sutileza —"Te daré lo que necesitas y así serás tan dependiente de mí como yo lo soy de ti, así que continuarás dándome lo que necesito."

De esta forma, nuestras relaciones han estado fincadas en la dependencia y en la necesidad de controlar al otro. Es inevitable que esto conduzca a resentimientos y al enojo, que en su mayor parte nos encargamos de reprimir porque sería muy peligroso expresarlos y estaríamos arriesgándonos a perder a la otra persona. La represión de todos estos sentimientos conduce a la abulia y a la parálisis emocional. Esta es la razón por la que muchas relaciones comienzan de manera estimulante ("¡Creo que he encontrado a alguien que en realidad puede satisfacer mis necesidades!"), y terminan llenas de coraje o relativamente apagadas y aburridas ("Mis necesidades no se están satisfaciendo como yo esperaba, y en el proceso he perdido mi identidad, pero tengo miedo de dejar esto porque temo morir sin esta persona").

Encontrando el equilibrio

En tiempos recientes, desde luego, los papeles fuertemente diferenciados de hombres y mujeres han empezado a cambiar. Durante las dos últimas generaciones, un número creciente de mujeres está explorando y expresando sus habilidades para actuar en el mundo. Al mismo tiempo, un número creciente de hombres ha estado buscando en su interior y ha estado aprendiendo a abrirse a sus sentimientos y a su intuición.

Creo que esto está pasando porque hemos llegado a un callejón sin salida con nuestras relaciones en el "mundo viejo" y nuestros conceptos externos de lo masculino y lo femenino. Ahora los viejos modelos y esquemas son demasiado limitantes para nosotros, pero todavía no hemos desarrollado esquemas efectivos que los reemplacen. Es un período de caos y confusión, dolor e inseguridad, pero también de mucho crecimiento. Estamos dando un salto hacia el mundo nuevo. Creo que cualquier tipo de relación, desde el matrimonio más tradicional hasta las relaciones homosexuales o bisexuales, representan un intento personal de encontrar el equilibrio entre el masculino y el femenino interiores.

Las mujeres por tradición han estado en contacto con su energía femenina, pero no la han apoyado con su energía masculina. No han reconocido lo que saben internamente. Siempre han actuado como si no tuvieran ningún poder, cuando en realidad son muy poderosas. Han buscado el reconocimiento externo (en especial de los hombres) en lugar de validarse en su interior por lo que saben y lo que son.

Muchas mujeres, como es mi caso personal, han desarrollado una potente energía masculina, pero la han usado a la manera del "viejo masculino". Yo era muy intelectual, muy activa, y me dedicaba con denuedo a apoyar las causas del mundo. También tenía un femenino muy desarrollado, pero no lo ponía en la posición de control. De hecho, ignoraba la energía femenina en muchas ocasiones. Básicamente protegía mis sentimientos sensibles y vulnerables al levantar una dura barrera exterior.

Tuve que aprender a utilizar esa poderosa energía masculina y utilizarla para escuchar, confiar, y apoyar a mi femenino. Esto le brinda la seguridad y el apoyo para que emerja por completo. Me siento y parezco más suave, más receptiva y más vulnerable, pero en realidad soy más fuerte que antes.

Las mujeres están aprendiendo a apoyarse y a validarse a sí mismas, en lugar de abandonar esa responsabilidad y tratar de conseguir un hombre que se encargue de hacerlo por ellas. Sin embargo, se trata de un añejo esquema que ha perdurado durante siglos, y toma tiempo cambiarlo en sus niveles más profundos. La clave consiste en seguir escuchando, confiando y actuando de acuerdo a tus más profundos sentimientos.

Las cualidades que las mujeres han buscado en los hombres (fuerza, fortaleza, responsabilidad, cuidados, motivación y romance) deben ser desarrolladas en nuestro interior. Esta es una sencilla fórmula: compórtate contigo misma exactamente en la forma que quisieras que un hombre se comportara contigo.

Lo curioso es que lo que creamos en el interior siempre se refleja fuera de nosotros. Esta es la ley del universo. Cuando has desarrollado un masculino interior que te apoya y ama, siempre habrá un hombre, o varios hombres, en tu vida que reflejarán esto. Cuando en verdad has desistido de conseguir algo fuera de ti, ¡acabas por obtener lo que siempre quisiste!

Para los hombres el principio es exactamente el mismo, por supuesto. Por tradición, los hombres están desconectados de su energía femenina, por tanto desconectados de la vida, el poder y el amor. Han estado en el mundo sintiéndose indefensos en secreto, solitarios y vacíos; a pesar de que pretenden estar en control y con poder. (Los conflictos bélicos son un buen ejemplo de la vieja energía masculina que carece de la sabiduría y dirección de lo femenino.) Los hombres buscan el nutrimento y la conexión interior a través de las mujeres, pero una vez que se han conectado con su propio femenino interior, recibirán su fabuloso amor desde el interior de ellos mismos.

Para los hombres: todas las cualidades que deseabas de una mujer —los cuidados, la suavidad, el calor, la fortaleza, la sexualidad y la belleza— siempre han existido en tu femenino interno. Sentirás esto cuando aprendas a escuchar y a apoyar a tus sentimientos. Necesitas respetar y honrar totalmente tu energía femenina interior al actuar en su favor de acuerdo a tus sentimientos. Entonces, cualquier mujer —cualquier persona— en tu vida reflejará esta integración. Ellas tendrán todas las cualidades que siempre quisiste, y también recibirán amor, calor, cuidados y fortaleza provenientes de ti.

Muchos hombres, especialmente en tiempos recientes, han elegido conectarse profundamente con su energía femenina, y al hacerlo así se han desconectado de su masculino. Han rechazado la añeja imagen de macho y no tienen otro concepto de energía masculina con el cual relacionarse. Por lo general, estos hombres están tan asustados de su energía masculina, que temen que la misma estalle con toda la irracionalidad y violencia con la que equiparan a la masculinidad, pero también rechazan las cualidades positivas y agresivas de lo masculino.

Pienso que es muy importante para estos hombres aceptar el concepto de nuevo masculino: aquél que permite que su espontánea, activa y agresiva energía masculina fluya en libertad, sabiendo que el poder de su femenino tiene el control y lo conduce con sabiduría. Esto requiere una profunda confianza en que el femenino interior sabe lo que está haciendo y no permitirá que algo destructivo o dañino suceda.

Relaciones en el mundo nuevo

Está surgiendo un nuevo concepto de relaciones que se basa en que cada persona desarrolle la integridad en su interior. En el plano interno, cada persona se está volviendo un ser totalmente equilibrado en relación a la dualidad masculino/femenino, con un amplio espectro de expresión, desde la receptividad más suave hasta la acción más decidida.

103

En el plano externo, el estilo de expresión de la mayoría de la gente será determinado con fuerza por el tipo de cuerpo que tengan: ya sea masculino o femenino.

Cuando la gente atiende a estas ideas, algunas veces expresan el temor de que nos convertiremos en seres andróginos —hombres y mujeres con una apariencia muy similar entre sí—. La verdad es exactamente lo opuesto. A medida que las mujeres desarrollen y confíen más en su aspecto masculino para apoyarse y motivarse internamente, se sentirán más seguras para permitir que su aspecto femenino (suave, receptivo y bello) se abra. Las mujeres que conozco que están en este proceso (incluida yo) parecen volverse más femeninas y hermosas aun cuando están fortaleciendo sus cualidades masculinas. En lugar de volverse afeminados, los hombres que conozco que se han involucrado en este proceso se vuelven más seguros de su masculinidad.

En el mundo nuevo, cuando a un hombre le atrae una mujer, la reconoce como un reflejo de su aspecto femenino. A través de este reflejo, puede aprender más acerca de su propio lado femenino y pasar por cualquier miedo o barrera que tenga para alcanzar una mayor integración con él mismo. Cuando una mujer se enamora de un hombre, está viendo su propio masculino reflejado en él. En las interacciones que tenga con él, puede aprender a fortalecer y confiar en su lado masculino.

Si sabes, en un nivel profundo, que la persona que te atrae es un reflejo de ti, no puedes ser totalmente dependiente de él o de ella porque sabes que todo lo que ves en tu pareja también está en ti. Sabes que una de las razones principales por la que te encuentras en una relación es para aprender acerca de ti y para profundizar tu conexión con el universo. Por lo que las relaciones sanas están fincadas en la pasión y la motivación de compartir el camino para convertirse en una persona íntegra.

¡Esto puede parecer como si estuviéramos dirigiéndonos a un lugar donde estamos tan completos con nosotros mismos que no necesitáramos ningún tipo de relación! Esto es lo paradójico del asunto: como seres humanos somos criaturas sociales e interdependientes. Nos necesitamos en verdad los unos a los otros. Una forma de experimentar la integridad es aceptar las partes de nosotros que necesitan amor, cercanía e intimidad. Por lo que crear relaciones conscientes involucra honrar nuestra dependencia y nuestra interdependencia.

Relaciones gay

Mi experiencia personal en relaciones es heterosexual, así que no me puedo considerar una experta en relaciones gay. Sin embargo, gracias a las pláticas y al trabajo con un buen número de amigos y pacientes gay y lesbianas, tengo la fuerte sensación de que en el plano espiritual, las relaciones homosexuales y bisexuales son un poderoso paso que algunas personas dan para romper con viejos y rígidos papeles y estereotipos con la finalidad de encontrar su propia verdad.

Para algunas personas, estar en una cercana e intensa relación con una o más personas del mismo sexo es el proceso de espejo más potente que pueden concebir. Por ejemplo, dos mujeres con frecuencia parecen encontrar una conexión profunda entre ellas, de naturaleza tal, que no la pueden encontrar con un hombre. Utilizan su conexión intuitiva femenina para producir un fuerte basamento y un ambiente seguro para que cada una pueda desarrollar su masculino interior. Se reflejan y apoyan para volverse íntegras y equilibradas.

Algunas veces un hombre parece encontrar una intensidad masculina similar a la suya en otro hombre —una habilidad para expresarse totalmente, que no puede encontrar en una mujer—. También puede encontrar en otro hombre el apoyo para explorar su ser femenino sin sentir que debe cumplir con el viejo estereotipo masculino.

Pienso que muchas de estas cuestiones son misterios que tan sólo en retrospectiva podremos comprender. Creo que cada individuo elige el camino existencial que le puede ayudar a crecer con más rapidez.

A medida que seguimos evolucionando, pienso que dejaremos de categorizarnos a nosotros y a nuestras relaciones como gay, heterosexual y demás etiquetas. Preveo una época en la que cada persona pueda ser una entidad única con su propio estilo de expresión fluyendo en libertad. Cada relación será una conexión única entre dos seres, que inventará su forma y expresión individuales. Ninguna categoría es posible porque cada uno es diferente y sigue a su propia energía.

Ejercicio

Piensa en algunas de las mujeres más importantes en tu vida. ¿Cuáles son sus cualidades más fuertes o atractivas? Sé consciente de que ellas reflejan algunos aspectos de tu propia energía femenina (seas hombre o mujer).

Ahora piensa en algunos de los hombres más importantes en tu vida. ¿Qué cualidades de ellos te gustan, admiras, o aprecias más? Reconoce que reflejan aspectos similares de tu propia energía masculina (de nuevo, esto es válido seas hombre o mujer).

Si tienes problemas al apreciar que algunas de las cosas que admiras en otros también están en ti, se puede deber a que todavía no has desarrollado esas cualidades tan depuradamente como ellos lo han hecho. Si este es el caso, practica la siguiente meditación.

Meditación

Ponte en una posición cómoda. Cierra tus ojos, relájate y respira honda y lentamente; traslada tu conciencia a un profundo y tranquilo espacio de tu interior.

Trae a tu mente a una persona que admires o por la que sientas atracción. Pregúntate qué cualidades encuentras más atractivas en esta persona. ¿Puedes ver esas mismas cualidades en ti? Si no es así, intenta imaginar que tienes esas mismas cualidades. Imagina cuál sería tu apariencia, cómo hablarías, cómo actuarías. Ubícate en diferentes situaciones e interacciones.

Si sientes que se trata de cualidades que quieres desarrollar más en ti, continúa realizando esta visualización con regularidad durante algún tiempo.

10. Oriente y Occidente:

un nuevo reto

Tengo la fuerte sensación de que en mi última vida fui un asceta espiritual. Tal vez en la India, y probablemente vivía meditando en la cima de una montaña. Existe un anhelo en algún lugar de mí por continuar viviendo en esa maravillosa simplicidad. Sin embargo, sé que en esta ocasión he elegido ir hasta el siguiente nivel —para integrar los aspectos espiritual, mental, emocional y físico de mi ser y aprender a vivir en equilibrio en el mundo.

Es muy interesante observar al mundo desde la perspectiva de lo masculino y lo femenino, o espíritu y forma; al hacerlo así he descubierto algunos hechos fascinantes. En un sentido, Oriente puede ser visto como representante de la polaridad femenina. Muchas de las culturas orientales tienen una añeja y poderosa tradición espiritual. Hasta tiempos muy recientes, su fortaleza y desarrollo se había dado en los planos intuitivo y espiritual, al menos cuando se les compara con el mundo occidental. Han carecido de desarrollo en el mundo físico, y como resultado han sufrido de mucha pobreza, caos y confusión.

La energía en Occidente (Europa y los Estados Unidos) es más masculina. En la historia moderna se ha centrado fundamentalmente en desarrollar el plano físico y prestar muy poca atención al desarrollo espiritual. Lo que da como resultado increíbles progresos tecnológicos, pero experimentamos una terrible pobreza espiritual, una sensación de desconexión con nuestra fuente de energía.

Estos dos mundos se atraen el uno al otro, de la misma forma en que lo hacen hombres y mujeres –con cierta cantidad de temor y desconfianza, pero con una sobrecogedora atracción. Las enseñanzas espirituales orientales están inundando Occidente, y la tecnología occidental está gravitando hacia Oriente. Estamos hambrientos de lo que cada uno tiene.

Una de las fotografías mentales favoritas de mis viajes por la India es ésta: Me encontraba en un bazar. Enfrente de mí había dos puestos de venta. Uno expedía bellas artesanías. Un grupo de europeos y norteamericanos se arremolinaba alrededor del puesto, regateando el precio de los bonitos objetos. El otro puesto, con orgullo, mostraba gran variedad de objetos de plástico —tazones, utensilios de cocina, hasta zapatos de plástico—. Una larga cola de hindúes con paciencia esperaba su turno para comprar las preciadas mercancías. ¡Naturalmente, ninguno de los dos grupos echaba un segundo vistazo al puesto contrario!

Oriente y Occidente pueden aprender el uno del otro, pero como en el caso de las mujeres y los hombres, en última instancia deben encontrar en ellos mismos lo que admiran en el otro. Esperemos que el mundo en desarrollo aprenda de los errores occidentales y desarrolle una tecnología más armoniosa con el espíritu del medio ambiente. En Occidente debemos desarrollar un camino espiritual que nos ayude a manejar el mundo físico.

Las tradiciones espirituales orientales (y para el caso también nuestras tradiciones espirituales occidentales) se fundamentan en desentenderse tanto como sea posible del mundo para así conectarse más profundamente con el espíritu. El mundo, con sus tentaciones y sus distracciones, es un lugar muy inapropiado para mantener el compromiso y la atención en la verdad interior.

Por ello, la mayoría de los caminos espirituales tradicionales han supuesto cierto grado de renuncia del mundo —se ha renunciado a relaciones, dinero, posesiones materiales, placeres y lujos—. El ideal ha sido retirarse a un monasterio o a la cima de una montaña y seguir una vida de tranquila contemplación, renunciando a toda atadura con el mundo. Inclusive aquéllos que han elegido permanecer en sus casas con sus familias y en sus trabajos, han observado estrictas reglas y restricciones diseñadas para mantenerlos separados del mundo lo más posible.

Esta orientación contemplativa y espiritual ha sido un paso necesario y poderoso, pero refleja la separación que hemos mantenido, en nuestro interior, entre espíritu y forma, entre femenino y masculino. La "iluminación" ha sido la razón para recuperar el espíritu al negar al cuerpo —trascender la forma al abandonarla—. Por eso, los individuos se han vuelto "iluminados" en el sentido de que se han percatado totalmente de su naturaleza espiritual, pero no han integrado su iluminación a la forma. Cuando al fin han abandonado sus cuerpos, el mundo se mantiene sin mayor transformación. Estos maestros han apoyado y preservado el principio intuitivo en nuestro mundo y han preparado el camino para que nosotros demos el siguiente paso —la integración de lo femenino con lo masculino, del espíritu con la forma, y la subsecuente transformación de nuestro mundo.

Los que hemos elegido ser buscadores espirituales y agentes de transformación, debemos trasladarnos al mundo con el mismo grado de compromiso respecto a nuestro ser espiritual como si hubiésemos renunciado al mundo. ¡Este camino es mucho más difícil! Ahora se nos desafía a rendirnos frente al universo, a obedecer su guía y, al hacerlo así, simultáneamente tener relaciones profundas y apasionadas; manejar dinero, negocios, familia, proyectos creativos y muchos otros asuntos "terrenales". En lugar de evitar nuestros lazos con el mundo, ha llegado el momento de reconocerlos y trabajar con ellos. Debemos colocarnos en una situación desafiante, ubicarnos en todos los sentimientos y lazos, reconocerlos y apropiárnoslos y aprender a aceptar todo el espectro de nuestra experiencia.

Meditación

Relájate, cierra los ojos y respira profundamente. Con cada respiración, ubícate más hondo en un silencioso espacio de tu interior. Desde este sitio de tranquilidad, comienza a ver una nueva imagen de ti mismo en el mundo. Tu atención está puesta en el universo y obedeces su guía. Confías en ti mismo. Te sientes fuerte y valeroso. Llevas una sensación de conocimiento contigo hacia el mundo. Debido a esta confianza y atención en tu interior, lo que creas en el exterior es hermoso. Tu mundo te alimenta a ti y a otros. Tienes relaciones profundas y pasionales, tratas con gente, manejas dinero, tu carrera, tu cuerpo y todo lo que está a tu alrededor.

Estás capacitado para estar en el mundo y para disfrutar de las cosas terrenales, al mismo tiempo mantienes tu compromiso con el universo desde tu interior. Este compromiso se refleja en la luz y el poder que experimentas.

PARTE DOS

VIVIENDO LOS PRINCIPIOS

11. CONFIANDO
EN LA INTUICIÓN

Desde la infancia, a la mayoría de nosotros se nos ha enseñado a no confiar en nuestros sentimientos, a no expresarnos verdadera y honestamente, a no aceptar que en el centro de nuestro ser habita una naturaleza creativa que es amorosa y poderosa. Aprendemos con facilidad a intentar acoplarnos a los que nos rodean, a obedecer ciertas reglas de comportamiento, a reprimir nuestros impulsos espontáneos y a hacer lo que se espera de nosotros. Aunque nos rebelemos en contra de todo esto, estamos atrapados en nuestra rebelión, haciendo lo contrario en una reacción infantil en contra de la autoridad. En muy pocas ocasiones recibimos apoyo por confiar en nosotros, por escuchar a nuestra verdad interior o por expresarnos en una forma directa y honesta.

Cuando consistentemente reprimimos y desconfiamos de nuestra sabiduría intuitiva, buscando en su lugar autoridad, validación y aprobación de los otros, delegamos nuestro poder personal. Esto nos conduce a sentirnos víctimas, a sentimientos de inutilidad, vacío: y, al final, al enojo y a la ira —y si estos sentimientos también son reprimidos, a la depresión y a la parálisis emocional—. Podemos sucumbir ante estos sentimientos y llevar una vida de callado adormecimiento. Podemos sobrecompensar nuestros sentimientos de debilidad al intentar controlar y manipular a otras personas o al medio ambiente. Por último, podemos estallar en una ira descontrolada, muy exagerada y distorsionada debido a la larga represión a la que ha estado sometida. Ninguna de estas alternativas es positiva.

La verdadera solución radica en nuestra reeducación para escuchar y confiar en las verdades internas que nos llegan a través de nuestros sentimientos intuitivos. Obedecer a nuestra guía interior al principio puede experimentarse como riesgoso y espantoso, porque ya no estamos yendo a la segura, haciendo lo que "debemos" hacer, complaciendo a otros, obedeciendo reglas o remitiéndonos a la autoridad. Vivir de esta manera significa arriesgarse a perder todo aquello a lo que nos hemos aferrado por razones de una falsa seguridad externa, pero ganaremos integridad, poder verdadero, creatividad y la seguridad auténtica de saber que estamos en armonía con el poder del universo.

Al sugerir que la intuición necesita ser la fuerza guía en nuestras vidas, no intento ignorar o eliminar a la razón. El intelecto es una herramienta muy poderosa, que tiene su mejor expresión cuando apoya a nuestra sabiduría intuitiva, en lugar de reprimir nuestra intuición, como por lo general lo usamos. La mayoría de nosotros ha programado al intelecto para que dude de la intuición. Cuando surge un sentimiento intuitivo, nuestra mente racional de inmediato dice: "No pienso que funcione", "nadie más lo hace de esa forma" o "qué idea tan tonta", y así se ignora a la intuición.

A medida que nos situamos en el mundo nuevo, es tiempo de reeducar a nuestro intelecto para que acepte a la intuición como una fuente válida de información y orientación. Debemos aprender a entrenar a nuestro intelecto para que escuche y exprese la voz de la intuición. El intelecto es por naturaleza muy disciplinado, y esta disciplina nos puede ayudar a pedir y a recibir las indicaciones del ser intuitivo.

¿Qué significa confiar en tu intuición? ¿Cómo se logra? Significa conectarte con tus "sentimientos viscerales" —tu más profunda sensación interior de verdad personal— en cualquier situación, y actuando de acuerdo a estos sentimientos, en todo momento. Algunas veces estos "mensajes viscerales" pueden indicarte que hagas algo inesperado o inconsistente con tus planes previos; se puede requerir que confíes en una corazonada que parece ilógica; te puedes sentir más vulnerable emocionalmente de lo acostumbrado; puedes formular pensamientos, sentimientos u opiniones que son ajenos a tus creencias; puedes obedecer a un sueño o a una fantasía, o a arriesgar tus finanzas, o harás algo que sientes que es importante para ti.

En un principio temes confiar en tu intuición porque piensas que te puede llevar a hacer algo dañino para otros o irresponsable. Por ejemplo, puedes dudar en romper un compromiso, a pesar de que necesitas tiempo para ti mismo, ya que temes herir los sentimientos de la persona con quien quedaste en verte. He descubierto que cuando en realidad escucho y confío en mi voz interior, a la larga, todos los que me rodean se benefician tanto como yo lo hago.

Algunas veces, la gente se puede sentir temporalmente desilusionada, irritada o un poco perturbada por los cambios que estás haciendo a tus viejos esquemas de relación contigo y con los otros. Pero, por lo regular, esto se debe a que cuando cambias, la gente que te rodea de forma automática es orillada al cambio también. Si confías, verás que los cambios son también para su bien. (Si en verdad cancelaste el compromiso, tu amistad puede terminar haciendo algo más y pasarla muy bien.) Si las personas a tu alrededor no quieren cambiar, se pueden alejar de ti, al menos por un tiempo; por lo que debes estar dispuesto a abandonar las relaciones que mantenías con la gente. Si entre ustedes existe una profunda conexión, es muy probable que se vuelvan a acercar en el futuro. Mientras tanto, todos necesitan crecer a su modo y a su paso. A medida que sigas tu camino, cada vez atraerás más personas que te querrán como eres y que se relacionarán contigo de forma honesta, con apoyo y aprecio.

Practicando una nueva forma de vida

Aprender a confiar en tu intuición es una especie de arte, y como en el caso de otras artes, se necesita de la práctica para la perfección. No se puede aprender de la noche a la mañana. Debes estar dispuesto a cometer "errores", a intentar algo y fracasar, y entonces a intentar algo diferente la próxima ocasión, y algunas veces, tal vez, incluso avergonzarte o sentirte estúpido. Tu intuición siempre es correcta, pero lleva tiempo aprender a escucharla. Si estás dispuesto a actuar arriesgándote por lo que piensa que es auténtico, y te arriesgas a cometer errores, aprenderás muy rápido si prestas atención a lo que funciona y a lo que no funciona. Si te detienes por miedo a equivocarte, aprender a confiar en tu intuición puede llevarte toda una vida.

Puede ser difícil distinguir la "voz" de la intuición de los otros "seres" que nos hablan desde el interior —nuestras diferentes partes que tienen su propia idea de lo que es mejor para nosotros.

La gente con frecuencia me pregunta cómo se puede distinguir la voz o energía de la intuición de todas las otras voces. Por desgracia, no existe una forma sencilla y segura en un principio. La mayoría de nosotros tiene contacto con la intuición, ya sea que lo sepamos o lo ignoremos, pero estamos tan acostumbrados a dudar de ella o a contradecirla tan automáticamente que no sabemos siquiera si ha hablado. El primer paso en este aprendizaje consiste en poner más atención a lo que sientes, al "diálogo interior" que se desarrolla en ti.

Por ejemplo, algo como esto: "Me gustaría telefonearle a Jim." De inmediato, una voz racional y dubitativa en tu interior te dice: "¿Para qué le hablas a esta hora del día? Seguramente no se encuentra en casa", y de manera automática ignoras tu impulso original. Si hubieras hablado, podrías haberlo encontrado y descubierto que tenía información importante para ti.

Otro ejemplo: a la mitad de la jornada puedes tener la siguiente sensación: "Estoy cansado, me gustaría tomar un descanso." Pero inmediatamente piensas: "No puedo descansar ahora, tengo mucho trabajo." Así que bebes café y sigues trabajando el resto del día. Al final de la jornada te sientes cansado, exprimido e irritable; pero si hubieras confiado en tu sentimiento inicial, hubieras podido descansar durante media hora y continuar con tus pendientes, refrescado y eficiente, terminando tu día en un estado de equilibrio.

A medida que concientizas este sutil diálogo entre tu intuición y tus otras voces interiores, es muy importante que no te desprecies o desvalorices esta experiencia. Trata de permanecer como un observador objetivo. Percibe qué sucede cuando obedeces a tus sentimientos intuitivos. El resultado por lo regular se traduce en un incremento de energía y poder y una sensación de que las cosas fluyen. Ahora, percibe qué pasa cuando dudas, reprimes o actúas en contra de tus sentimientos. Por lo general, verás cómo disminuye la energía; de alguna forma te puedes sentir sin poder o deprimido. Inclusive puedes experimentar dolor físico o emocional.

Ya sea que actúes o no de acuerdo a tus sentimientos intuitivos, estarás aprendiendo algo, así que procura no condenarte cuando no obedeces a tu intuición (¡sumando insultos a la herida!). Recuerda que toma tiempo aprender nuevos hábitos; los viejos esquemas están profundamente enraizados. Yo he trabajado con intensidad en mi propia reeducación durante muchos años, y a pesar de que los resultados que disfruto son maravillosos, todavía en ocasiones no tengo el valor o la conciencia para confiar en mí por completo y hacer exactamente lo que siento. Estoy aprendiendo a ser paciente y compasiva mientras obtengo el valor para ser auténtica conmigo misma.

Supongamos que estás tratando de decidir cambiar de trabajo. Puedes tener un ser conservador que siente que será más seguro quedarse donde estás; otro ser aventurero que está dispuesto a hacer algo diferente, otro ser que está preocupado acerca de lo que otras personas opinen, etcétera. Una manera de manejar esto es "escuchando" cada una de estas voces, escribiendo lo que cada una tiene que decir (tal vez sería bueno una tinta diferente para cada voz).

119

A continuación, siéntate con todas estas posiciones contradictorias por algunos momentos sin intentar resolverlas o tomar una decisión. Al final, comenzarás a tener la sensación intuitiva del siguiente paso que necesitas dar.

A medida que vas conociendo los diferentes seres dentro de ti, descubrirás que tu ser intuitivo tiene una energía (o sentimiento) que es diferente de las otras voces. A su debido tiempo, aprenderás a reconocerla muy fácilmente.

Un paso importante al aprender a escuchar tu intuición y a obedecerla consiste simplemente en "comunicarte" con tu interior con regularidad. Al menos dos veces al día y de ser posible, mucho más seguido (una vez cada hora es magnífico), tómate uno o dos momentos (o más, si puedes) para relajarte y escuchar tus sentimientos viscerales. Cultiva este hábito de hablar a tu ser intuitivo. Pide ayuda y guía cuando la necesites y practica escuchar las respuestas que pueden llegar en varias formas: palabras, imágenes, sentimientos; inclusive, puedes ser conducido a una fuente externa como puede ser un libro, un amigo o un maestro quien te dirá exactamente lo que necesitas saber. Tu cuerpo es un gran instrumento de ayuda si aprendes a obedecer a tu voz interior. En cualquier ocasión que sientas que tu cuerpo sufre de dolor o de malestar, por lo general puede tratarse de una indicación de que has ignorado tus sentimientos. Utiliza esto como una señal para conectarte y pregunta qué es lo que necesitas concientizar.

A medida que aprendes a vivir desde tu intuición, dejas de tomar decisiones con la cabeza. Actúas de momento a momento conforme a lo que sientes y permites que las cosas se vayan desarrollando sobre la marcha. De esta forma, eres conducido en la dirección que es correcta para ti, y las decisiones se toman con facilidad y con naturalidad. De ser posible, procura no tomar decisiones importantes sobre eventos futuros, hasta que tengas claridad acerca de lo que quieres. Concéntrate en seguir a la energía en el momento y descubrirás que todo llegará a su propio tiempo y en su propia manera. Cuando tengas que tomar una decisión concerniente al futuro, obedece a tu sentimiento visceral cuando la decisión deba ser tomada.

También recuerda que a pesar de que en ocasiones hablo de seguir a tu voz intuitiva e interna, la mayoría de la gente no la experimenta literalmente como una voz. Con frecuencia se parece más a un sentimiento, a una energía o sensación de: "Quiero hacer esto" o "no quiero hacer esto". ¡No lo conviertas en una cuestión fundamental, en un misterioso evento místico, en una voz proveniente de las alturas! Es una sencilla y natural experiencia humana con la que hemos perdido contacto y que necesitamos recuperar.

La señal más importante que puedes tener cuando obedeces a tu intuición es una creciente sensación de estar vivo. Se siente más energía fluyendo por tu cuerpo. Algunas veces puede ser una experiencia abrumadora, como si se tratara de más energía de la que tu cuerpo puede manejar. Incluso puedes sentir una sensación de cansancio debido a que demasiada energía ha llegado a ti. No atraerás más energía de la que puedes manejar, ¡pero te puede estirar un poco! Tu cuerpo está expandiendo su capacidad para canalizar la energía universal. Relájate y descansa cuando lo necesites. Lleva a cabo actividades que te ayuden a mantenerte con los pies en la tierra, como practicar ejercicio, pasar temporadas en la naturaleza, procurar tu sustento emocional y comer alimentos sustanciosos y sanos. Muy pronto te sentirás más equilibrado e inclusive comenzarás a disfrutar la intensidad creciente.

En un principio puedes descubrir que mientras más actúes de acuerdo a tu intuición, más cosas en tu vida parecen que se destruyen: puedes perder tu trabajo, una relación, algunos amigos o ¡hasta puedes dejar de trabajar! En realidad estás cambiando vertiginosamente y te deshaces de las cosas que ya no te sirven. Mientras que te rehúses a abandonarlas, ellas te tendrán prisionero. A medida que continúes en este nuevo camino, siguiendo, lo mejor que puedas, a tu energía a cada momento, verás como se crean en tu vida nuevas formas: nuevas relaciones, nuevo em-

121

pleo, nueva casa, una nueva forma de expresión creativa, etcétera. Sucederá con facilidad y sin esfuerzos. Las cosas tan sólo caerán en su sitio, y las puertas se abrirán de una aparente forma milagrosa. Puedes tener períodos en los que sólo la vayas pasando, haciendo aquello para lo que tienes energía, y dejando de hacer aquello para lo que no tienes energía, pasándola muy bien, y literalmente tendrás la capacidad de observar al universo creando a través de ti. ¡Has comenzado a experimentar la alegría de ser un canal creativo!

Ejemplos específicos

A continuación encontrarás algunos ejemplos (extraídos de mi propia vida y de las vidas de mis amigos y pacientes) de las situaciones que puedes confrontar cuando sigues a tu intuición. Observa que las palabras entre paréntesis son pensamientos y sentimientos que en el pasado te pudieron hacer desconfiar de tu intuición o inclusive detenerte.

Abandonar una fiesta o una reunión porque te das cuenta que en realidad no quieres estar ahí (a pesar de que tienes miedo de lo que otros puedan pensar o no te quieres perder algo que puede ser bueno).

Confesarle a alguien que te atrae, o que te gustaría conocerlo mejor, o que lo amas, o lo que sea que estás sintiendo, porque es agradable ser abierto y decir la verdad (a pesar de que tienes miedo de ser rechazado, lo que te hace sentir muy vulnerable, y una parte de ti dice: "Se supone que no debes hacer eso").

Decides no escribir tu tesis porque en realidad no estás muy interesado en ello; cada vez que lo piensas, sientes que se trata de una tarea espantosa (a pesar de que invertiste cinco años trabajando en ello, y tus padres se decepcionarán si no obtienes tu grado académico, te gustaría tener el prestigio y piensas que con él podrías obtener un mejor empleo).

Tomar clases de canto, de música, de danza o cualquier otra cosa que te interese, porque tienes una fantasía de que te gustaría cantar, tocar un instrumento o bailar (a pesar de que piensas que no tienes ningún talento, eres demasiado viejo para aprender o te puedes ver estúpido).

Faltar al trabajo un día porque sientes que quieres pasar un día tranquilo en casa, echado al sol, dando un paseo a pie, o incluso recostado en cama (a pesar de que siempre vas a trabajar y piensas que es muy irresponsable faltar si no estás enfermo, o tienes miedo de que puedas perder tu trabajo, o piensas que es tonto o frívolo).

Renunciar a tu trabajo porque lo odias y te das cuenta que no necesitas hacer algo que no te gusta (a pesar de que no tienes la seguridad de lo que vas a hacer después y sólo tendrás el suficiente dinero para sobrevivir unos cuantos meses, y tienes miedo de carecer de la seguridad que brinda un ingreso constante).

No hacer un favor a alguien que te lo ha pedido porque en realidad no quieres hacerlo y sabes que te resentirás si lo haces (a pesar de que temes ser egoísta, o podrías perder un amigo o ganarte la enemistad de un compañero de trabajo).

Gastar algo de dinero en algo especial para ti o para alguien más, de manera impulsiva porque es agradable (a pesar de que en general eres muy medido en tus gastos, y en realidad sientes que no te puedes dar el lujo).

Decirle a alguien tu opinión acerca de algo porque estás cansado de pretender que estás de acuerdo con los otros (a pesar de que por lo regular no te atreverías a expresarte de esa manera).

Decirle a tu familia que no prepararás la cena porque simplemente no tienes ganas (a pesar de que tienes miedo de ser una mala esposa y peor madre y tu familia puede darse cuenta de que en realidad ya no te necesitan y tu identidad se puede cancelar).

Posponer una decisión acerca de algo porque todavía no tienes la seguridad de lo que quieres (a pesar de que la indecisión te hace sentir desequilibrado e incómodo).

Iniciar tu propio negocio porque sientes con firmeza que puedes lograrlo (a pesar de que nunca has hecho algo parecido).

Bueno, ya sabes de lo que se trata. Confiar en tu intuición significa contactarte de la manera más profunda que puedas con la energía que sientes, obedeciendo a esa energía a cada momento, confiando en que te conducirá a donde quieres ir y te proporcionará todo lo que deseas. Significa ser tú mismo, ser real y auténtico en tus mensajes, estar dispuesto a intentar nuevas cosas porque se sienten correctas, y haciendo lo que te entusiasma.

Gente altamente intuitiva

Existen muchas personas cuya intuición está muy desarrollada. Algunas están bastante conectadas con ella, pero tienen miedo de actuar sobre el mundo. Con frecuencia, estas personas obedecen sus impulsos intuitivos en una área específica de sus vidas, pero no en las otras. Muchos artistas, músicos, ejecutantes y otras personas altamente creativas caen en esta categoría. Confían firmemente en su intuición y de manera espontánea actúan de acuerdo a ella, dentro de los límites de su forma de expresión artística; por lo que son en extremo creativos y con frecuencia muy productivos, pero no tienen el mismo grado de autoconfianza y disposición para apoyar sus sentimientos con acciones en otras áreas de sus vidas, en particular en relaciones personales y en asuntos de negocios y dinero. Tenemos el caso clásico del artista que es emocionalmente caótico y desequilibrado, y/o inepto e incluso explotado en el plano financiero.

Un ejemplo clásico de este problema se vio en la película *Lady Sings the Blues*, basada en la vida de la gran cantante Billie Holiday. En una escena, está viajando con su show en una penosa gira por los Estados Unidos. Se siente exhausta y disminuida y anhela regresar a su casa para ver a su marido y descansar. Decide cancelar la gira y seguir su corazonada. Sin embargo, sus representantes de negocios triunfan sobre ella al convencerla de que esa decisión arruinaría su carrera, y de que debe continuar con la gira. Poco tiempo después de haberse rendido frente a estos argumentos, ella comienza a tomar drogas. A partir de ese momento, su vida toma un curso trágico y descendente.

Naturalmente, un incidente de esta clase no arruina una vida entera, pero esta película brinda una ilustración muy clara de la manera en que muchos artistas y ejecutantes delegan su autoridad por la influencia de otros y sufren por el conflicto interior, el dolor y la pérdida de poder que se producen. Para lograr el balance, este tipo de gente debe aprender a confiar en su intuición y a ser agresivos en todas las áreas de sus vidas.

Muchos psíquicos también sufren este problema. Se trata de personas muy abiertas, receptivas e intuitivas; y no bloquean estas cualidades como lo hacemos muchos de nosotros. Inclusive pueden otorgar a su intuición control total en su trabajo o en ciertas circunstancias. De nueva cuenta, puede ser que no confíen por completo en su intuición y la apoyen en todos los momentos de sus vidas, en especial en el área de las relaciones personales. Pueden estar totalmente abiertas para la energía de otras personas y con frecuencia no saben cómo permanecer conectadas con sus propios sentimientos y necesidades, cómo ser asertivos, y cómo demarcar límites. Desde mi experiencia, estas personas altamente sensibles por lo general tienen problemas con sus cuerpos: ya sean problemas de peso o enfermedades crónicas. Estos problemas sanan cuando aprenden a equilibrar su naturaleza receptiva e intuitiva (energía femenina) con una energía masculina tan bien desarrollada que les dé la disposición para actuar de acuerdo a sus sentimientos y con agresividad en sus relaciones personales.

Muchos buscadores espirituales que han invertido una buena cantidad de tiempo meditando, que se vuelven muy sensibles y conectados con su energía, también tienen problemas de desequilibrio. El buscador tiene una imagen mental definida de lo que significa ser "espiritual":

125

amoroso, abierto y centrado. Quiere actuar conforme a este modelo todo el tiempo y por lo tanto tiene miedo de actuar con espontaneidad o de expresar sus sentimientos honestamente por miedo de que lo que resulte sea severo, rudo, molesto, egoísta y poco amoroso.

Debido a que somos seres humanos, a medida que nos arriesguemos expresarnos con más libertad y honestidad, algo de lo que se produzca será en bruto, distorsionado, estúpido o desconsiderado. Conforme aprendemos a actuar de acuerdo a nuestros sentimientos interiores, se despejan todas las formas en las que nos hemos bloqueado en el pasado; y durante este proceso, mucho "material" viejo llega a la superficie y se libera. Muchas creencias añejas y esquemas emocionales se traen a la luz para ser sanados. En este proceso, debemos estar dispuestos a enfrentar y revelar nuestra conciencia. (De cualquier manera, cuando la podemos ver, ya se encuentra cambiando). Si pretendemos ser "más íntegros" de lo que en realidad somos, perderemos la oportunidad de sanarnos. He descubierto que este es un sentimiento muy vulnerable y fuera de control. No puedo preocuparme mucho acerca de la forma en que me presento a los otros o cómo me ven o si estoy haciendo lo correcto. Sólo tengo que ser yo misma como soy ahora, lo mejor que puedo, aceptando la combinación de conciencia iluminada y limitación humana que es lo que soy ahora.

No es necesario ser perfecto para ser un canal del universo. Sólo tienes que ser auténtico: ser tú mismo. Entre más auténtico, honesto y espontáneo seas, más libremente podrá fluir la fuerza creativa a través de ti. Cuando lo hace así, retira los remanentes de los viejos bloqueos. El resultado puede ser desagradable o incómodo, ¡pero la energía desplazándose se experimentará como estupenda! Entre más hagas esto, tu canal estará más despejado, de tal forma que lo que pase por él será una creciente y perfecta expresión del universo.

También recuerda que algunos de nuestros modelos espirituales reflejan nuestras "buenas ideas" más que revelar una imagen precisa de la iluminación. La imagen que muchos tienen de querer ser suave, positivo y amoroso todo el tiempo es en realidad una expresión de su necesidad de sentirse en control, buenos y correctos. El universo tiene muchos colores, estados de ánimo, ritmos, estilos y direcciones; además, todos están cambiando de manera constante. Sólo al dejar a algunos fuera de nuestro control y al arriesgarnos a movernos sin temor por este flujo, podremos experimentar el éxtasis de ser un auténtico canal.

Ejercicio

1. Escribe todas las razones en que puedas pensar para evitar confiar en tu intuición y no obedecerla. Incluye en la lista los temores que tengas acerca de lo que piensas que podría sucederte si confías en tu intuición y actúas de acuerdo con ella todo el tiempo.

2. Examina la meditación que está al final del capítulo 3.

3. Al menos dos veces al día (más seguido si puedes recordarlo), tómate un minuto para relajarte, cierra los ojos, y comunícate con tus sentimientos viscerales para comprobar que estás haciendo lo que sientes como correcto, o si hay algo de lo que tienes que estar consciente.

4. Durante un día, o una semana, asume que tus sentimientos intuitivos son siempre cien por ciento correctos, y actúa como si así fuera.

12. SENTIMIENTOS

Uno de los problemas más comunes que encuentro al realizar mi trabajo, consiste en que muchísimas personas no están en contacto con sus sentimientos. Cuando hemos reprimido y cancelado nuestros sentimientos, no podemos contactar al universo en nuestro interior, no podemos escuchar a nuestra voz intuitiva y ciertamente no podemos disfrutar estar vivos.

Parece ser que la mayoría de la gente no tuvo un apoyo emocional auténtico cuando se encontraba en los años de crecimiento. Nuestros padres no sabían cómo proteger sus propios sentimientos, mucho menos los nuestros. Tal vez se encontraban demasiado abrumados por las dificultades y responsabilidades en sus vidas para proporcionarnos los cuidados y la atención emocional que necesitábamos.

Cualquiera que fuera la causa, si sentimos que nadie nos escucha ni se preocupa acerca de nuestros sentimientos o si obtenemos una respuesta negativa cuando los expresamos, aprendemos pronto a reprimir nuestras emociones. Cuando encapsulamos nuestros sentimientos, cancelamos el flujo de la energía vital a través de nosotros. La energía de estos sentimientos ignorados se bloquea dentro de nuestros cuerpos, causando malestares físicos y emocionales que al final provocan enfermedades. Así, nos paralizamos emocionalmente y morimos de cierta forma.

En todos los talleres que dirijo, me encuentro con personas que durante toda su vida han reprimido sus sentimientos. Muchas personas temen a sus así llamadas emociones "negativas": tristeza, dolor, ira, miedo y desesperación. Temen que si se atreven a experimentar estos sentimientos, las emociones sean aplastantes. Piensan con terror que si se involucran en la experiencia, permanecerán atorados en ella por siempre.

La realidad, es lo opuesto. Cuando estás dispuesto a experimentar totalmente un sentimiento específico, la energía bloqueada se libera con rapidez y el sentimiento se disuelve. Cuando aconsejo a una persona que tiene emociones bloqueadas, la impulso para que se ubique en el sentimiento y permita que la embargue. Una vez que lo ha sentido completamente y lo ha expresado, el sentimiento se disipa en cuestión de minutos. Es impresionante observar a personas que han reprimido un sentimiento doloroso, por treinta, cuarenta o cincuenta años, liberarlo en unos cuantos minutos y en su lugar, experimentar paz. (Puede ser importante contar con la ayuda de un terapeuta o de un grupo de apoyo durante el proceso.)

Una vez que has experimentado y liberado las emociones bloqueadas del pasado, un mayor flujo de energía y vitalidad enriquecerá tu vida. Es importante aprender a estar en contacto con tus propios sentimientos a medida que surgen: de esta forma, podrán seguir moviéndose a través de ti y tu canal permanecerá despejado.

La naturaleza de las emociones es cíclica y, como el clima, constantemente está cambiando. En el transcurso de una hora, de un día o de una semana podemos experimentar un amplio rango de sentimientos. Si entendemos esto, podemos aprender a disfrutar nuestros sentimientos y permitir que sigan cambiando. Pero cuando tenemos miedo de ciertos sentimientos, como la tristeza o la ira, accionamos nuestros frenos emocionales tan pronto como comenzamos a sentirlos. No queremos sentirlos, así que nos atoramos a la mitad del camino y nunca rebasamos ese punto.

Con frecuencia, la gente viene a mis talleres con la intención de aprender a "pensar positivamente" para no sentirse tan sumidos en sus sentimientos negativos. ¡Se sorprenden cuando los invito a sentir más sus sentimientos negativos y no menos¡ Sólo amando y aceptando todas las partes que nos integran, podemos ser libres y realizados.

Tenemos la tendencia a catalogar a ciertos sentimientos como "dolorosos" y por lo tanto deseamos evitarlos. La experiencia del dolor, sin embargo, es en realidad resistencia a una sensación. El dolor es un mecanismo de nuestro cuerpo que nos ayuda a evitar el daño físico o nos avisa que una parte de nosotros se ha lastimado y necesita cuidados. Si tocas una estufa caliente, sentirás dolor; lo que estás experimentando es una resistencia a la sensación de calor. Esto hace que retires tu mano para evitar dañar tu cuerpo. Si tocas algo caliente por mucho tiempo y te quemas, el subsecuente dolor te avisará que tu cuerpo necesita sanar.

En el plano físico, el dolor es un mecanismo útil ya que nos avisa cuando estamos en peligro. Sin embargo, si una sensación no es en verdad peligrosa, puedes relajarte en la sensación y el dolor disminuirá poco a poco hasta disolverse. Por ejemplo, si estiras un músculo más de lo acostumbrado, primero se sentirá dolor, pero a medida que continúes relajando el músculo suave y constantemente en la posición de estiramiento, el dolor desaparecerá. Durante el parto, si una mujer resiste la intensa sensación que está experimentando, tendrá un gran dolor. Entre más pueda relajarse dentro de la sensación, menos dolor experimentará.

En el plano emocional, lo que causa dolor es la resistencia a un sentimiento. Si por temor reprimimos cierto sentimiento, experimentaremos dolor emocional. Si nos permitimos sentirlo y aceptarlo en su totalidad, se convierte en una sensación intensa; mas no en una sensación dolorosa.

No existen categorías para sentimientos "negativos" o "positivos": las hacemos negativas o positivas al rechazarlas o aceptarlas. Para mí, todos los sentimientos son parte de la maravillosa y cambiante sensación de estar vivo. Si amamos todos los sentimientos que experimentamos, se convierten en todos los colores del arco iris de la vida.

A continuación encontrarás algunas de las emociones a las que teme la gente, seguidas de una sugerencia de cómo pueden ser manejadas:

Miedo: Es importante que reconozcas y aceptes tus miedos. Si aceptas que sientes miedo, y no te empujas a sobreponerte a esos miedos, comenzarás a sentirte más seguro y el miedo disminuirá. Arriésgate cuando sientas que estás listo para ello, pero no te fuerces a realizar cosas para las cuales no estás aún preparado.

Tristeza: La tristeza está relacionada con la receptividad de tu corazón. Si te permites sentirte triste, sobre todo si puedes llorar, descubrirás que tu corazón se abre más y puedes sentir más amor. De ser posible, busca el apoyo de alguien que pueda aceptarte tanto a ti como a tu tristeza y que pueda acompañarte.

Pena: Esta es una forma intensa de la tristeza, relacionada con la muerte o el término de algo. Es nuestra manera de liberar lo viejo para que podamos abrirnos a lo nuevo. Es muy importante que te permitas penar de forma total y no suspender este proceso. La pena se presenta por oleadas, al principio muy juntas; y cada vez más distanciadas la una de la otra. La pena puede durar un tiempo largo, o presentarse por periodos durante mucho tiempo. Es necesario que la aceptes y que te procures tanto apoyo como lo necesites durante su transcurso y en cualquier ocasión que aparezca.

Sentirse herido: El sentirse herido es una expresión de vulnerabilidad. Tendemos a disfrazarlo con una actitud defensiva e inculpadora para no tener que admitir qué tan vulnerables somos. Es importante expresar estos sentimientos directamente y, de ser posible, sin reproches (o sea: "Me sentí muy herido cuando no me pediste que fuera contigo", en oposición a: "No te importan mis sentimientos. ¿Cómo puedes ser tan insensible?" y cosas por el estilo).

Desesperanza: Este puede ser el resultado de no confiar en nosotros, de no honrar nuestros sentimientos y necesidades y de no cuidarnos de forma apropiada. Necesitamos

131

ser más agresivos y auténticos con nosotros mismos. La desesperanza puede ser también un estado pasajero cuando estamos abandonando nuestros viejos esquemas de control, y aprendemos a rendirnos al poder superior.

Ira: Nos enojamos cuando ignoramos nuestro poder real y permitimos que otras personas tengan un poder indebido sobre nosotros. Por lo general reprimimos este enojo y nos paralizamos. A medida que comenzamos a reconectarnos con nuestro poder, lo primero que experimentamos es este enojo acumulado. Por lo que en el caso de mucha gente que se está volviendo más consciente, es un signo muy positivo cuando comienzan a contactar este enojo. Significa que están recuperando su poder.

Si durante tu vida no te has permitido enojarte mucho, comenzarás a idear situaciones y personas que activen tu enojo. Cuando esto pase, no te concentres demasiado en el problema exterior, sólo permítete sentir la ira y reconoce que se trata de tu poder. Visualiza un volcán que se extingue en tu interior y te inunda de poder y de energía.

Con frecuencia la gente tiene miedo de su ira: temen que los obligue a hacer algo dañino.

Si este es tu caso, procura crear una situación segura donde puedas sentirla en su totalidad y expresarla: ya sea solo, con un terapeuta o en un grupo de apoyo. Permítete vociferar y enfurecerte, patear y gritar, haz una rabieta, avienta almohadas —haz lo que sientas que tienes que hacer. Una vez que has hecho esto en un ambiente seguro (puedes necesitar hacerlo con regularidad), ya no tendrás miedo de hacer algo destructivo y podrás manejar con más eficacia las situaciones en tu vida.

Si eres una persona que ha sentido y expresado mucha ira durante su vida, necesitas buscar la herida que se encuentra debajo de ella y expresarla. Es probable que estés utilizando la ira como un mecanismo para evitar sentirte vulnerable.

Una manera importante para transformar la ira en aceptación de tu poder es aprender a ser agresivo. Aprende a solicitar lo que quieres y lo que deseas hacer sin aceptar influencias indebidas de otras personas. Cuando dejes de delegar tu poder a otros, ya no te sentirás enojado.

Aceptar tus sentimientos está directamente relacionado con convertirte en un canal creativo. Si no permites que tus sentimientos fluyan, harás que tu canal se obstruya. Si has almacenado muchas emociones, entonces tienes mucha energía bloqueada en tu interior que te impide escuchar la sutil voz de tu intuición.

Con frecuencia, la gente necesita ayuda para experimentar y liberar viejas emociones que están bloqueadas y para aprender a vivir en una forma más sensible. Si piensa que este es tu caso, busca un buen consejero, terapeuta o grupo de apoyo. Cuando busques a un terapeuta, pide recomendaciones a la gente que conozcas y no dudes en entrevistarte con varios terapeutas hasta que encuentres uno que te satisfaga. Procura encontrar uno que parezca estar en contacto con sus propios sentimientos, que se relacione contigo de forma auténtica y honesta, y te apoye a la hora de experimentar y expresar tus propios sentimientos y cuando confíes en ti mismo.

Ya sea que busques ayuda profesional o no, acostúmbrate a preguntarte varias veces, durante el día, cómo te sientes. Trata de aprender a distinguir entre lo que piensas y lo que sientes (muchas personas tienen dificultades con esto). En la medida de lo posible, acepta y disfruta tus sentimientos, y descubrirás que te abren la puerta a una vida enriquecida, completa y apasionada.

Ejercicio

Cuando te despiertes por las mañanas, cierra tus ojos y concentra tu atención en la parte media de tu cuerpo: tu corazón, tu plexo solar y tu abdomen. Pregúntate cómo te sientes emocionalmente en estos momentos. Procura distinguir tus sentimientos de los pensamientos que se dan en tu cabeza. ¿Te sientes tranquilo, emocionado, ansioso, triste, enojado, alegre, frustrado, culpable, amoroso, solitario, realizado, serio, juguetón?

Si parece que estás experimentando sentimientos angustiosos o de decepción, concéntrate en ese sentimiento y dale una voz. Pídele que te hable y te diga lo que está sintiendo. Haz un esfuerzo por oírlo y escuchar su punto de vista. Sé empático, amoroso y apoya tus sentimientos. Pregunta qué puedes hacer para cuidarte a ti mismo en este momento.

Repite este ejercicio de que te vayas a dormir por la noche, y en cualquier otro momento del día en que lo consideres apropiado.

13. Equilibrando el ser y el hacer

Como canales para el universo, debemos tener a mano un amplio espectro de expresiones y emociones. Si el poder superior nos pide que saltemos, debemos estar capacitados para saltar sin detenernos a hacer preguntas. Si nos indica esperar, debemos poder relajarnos y disfrutar un tiempo de inactividad hasta que se presente el siguiente mensaje. Nuestra guía interior nos orillará a explorar nuestros aspectos menos desarrollados, para que nos expresemos y experimentemos con nuevas modalidades. Si ignoramos estos impulsos interiores, estaremos forzados por circunstancias externas a explorar las polaridades contrarias a aquéllas con las que nos sentimos más cómodos. De una u otra manera, nuestro ser superior se asegura que captemos el mensaje acerca de lo que debemos hacer. En ocasiones nos trasladaremos de una polaridad a la otra hasta que encontremos el equilibrio.

Puedes esperar que tu intuición te conduzca en una dirección que es nueva y diferente para ti. Si te sientes cómodo en un tipo de personalidad o esquema, es probable que se te pida que comiences a expresarte en el contrario. Es bueno saber esto, en especial cuando estás en el proceso de aprender a escuchar a tu guía interior. Una buena regla puede ser: esperar lo inesperado.

Uno de los grupos más importantes de polaridades que necesitamos desarrollar y balancear es el de las energías del ser y del hacer. La mayoría de nosotros estamos más identificados con una de estas energías, mientras negamos la otra.

Las dos clases pueden nombrarse como los "hacedores" y los "ser-es". Corresponden más o menos a lo que en términos psicológicos se conoce como personalidades "tipo A" y "tipo B".

Los hacedores son gente que básicamente se orienta a la acción. Saben cómo llevar las cosas a buen fin, y por lo general no tienen miedo de ponerse en riesgo al expresarse o al intentar algo nuevo. Son buenos para expresar su energía extrovertida. Tienen problemas para recibir de los otros. No les gusta sentirse vulnerables. Lo más difícil para ellos es no hacer nada: no estar involucrados en alguna clase de actividad constructiva. El tiempo desorganizado los hace sentir incómodos y por lo general lo llenan con muchas actividades. Tienden a dejarse llevar y tienen dificultades para relajarse a profundidad. Su activa energía masculina está más desarrollada, y pueden estar incómodos de alguna manera con su receptivo lado femenino.

Los ser-es se orientan básicamente hacia la conexión interior. Saben cómo relajarse y tomar las cosas con tranquilidad. Disfrutan de los sutiles placeres de la vida y con frecuencia saben cómo cuidarse y procurarse ellos mismos y a los otros y también saben cómo jugar. Es común que sean flexibles y se sientan contentos de "cotorrear" durante el tiempo desorganizado. Pueden tener problemas con la acción. Temen colocarse en nuevas o inesperadas situaciones y tienden a contenerse mucho. No son muy agresivos y algunas veces tienen problemas para expresar sus sentimientos u opiniones. Se preocupan de lo que otros piensen de ellos. Se pueden sentir incómodos en el mundo y carecen de confianza para interactuar con la gente, los negocios, el dinero, etcétera. Su energía femenina receptiva está más desarrollada y pueden sentirse incómodos o desconfiar de su extrovertido lado masculino.

Si en lo fundamental eres un hacedor, es casi seguro que tu intuición te sugiera hacer menos cosas. Tus sentimientos te indicarán que te detengas, te relajes y tomes un día libre (¡o una semana, o seis meses!), para que inviertas más tiempo contigo mismo, para que pases alguna temporada en la naturaleza, para que pases tiempo sin planes y sin lista de pendientes, y practiques obedecer la energía conforme la vayas sintiendo. Si consistentemente ignoras estos mensajes internos para que te desaceleres, puedes provocar una enfermedad menor o una grave. Ésta puede ser la forma en que el universo te fuerza a volverte más equilibrado.

Lo más difícil para un hacedor es no recibir ningún mensaje, teniendo que irla pasando, esperando y "haciendo nada" hasta que llegue la próxima comunicación. Yo soy una hacedora, hago listas de pendientes, soy una persona muy activa y ¡una de las cosas más difíciles a la que me ha forzado el universo es a no hacer nada! Sin embargo, he descubierto que esas épocas son las más poderosas e inspiradoras de todas las épocas porque es cuando en verdad puedo detenerme lo suficiente como para sentir mi espíritu. De hecho, al final me di cuenta, y debo admitir, que me mantenía ocupada todo el tiempo para evitar sentir ese poder. Tenía miedo del tiempo y del espacio "vacíos" porque en realidad estaban llenos de la fuerza universal.

Si te sientes más cómodo siendo un "ser", sin lugar a dudas serás empujado por tu ser interior a más acción, más expresión, a tomar más riesgos en el mundo. La clave para ti consiste en seguir a tus impulsos e intentar hacer cosas que normalmente no harías bajo impulso. No tienes que saber por qué estás haciendo algo o ver un resultado particular en un principio como consecuencia de tu acción. Es importante que practiques el actuar con espontaneidad de acuerdo con tus sentimientos, en especial cuando se trate relacionarte con la gente, de expresar tu energía creativa en el mundo, de producir dinero o cualquier otra cosa que en general evites. No te obligues a ir más allá de lo que estés listo para hacer. Es muy importante que respetes tus propios límites y tus propios ritmos en cuanto a crecimiento.

Asegúrate de que la voz no proviene de tu ser autoritario que dice:

"Deberías esforzarte más de esta forma." (Si se trata de un *deberías*, raramente es la voz del universo.) Más bien, obedece los sentimientos que te guíen a practicar la expresión de ti mismo y que desarrollen tu confianza en forma sostenida.

Meditación

Ponte cómodo y cierra los ojos. Respira profundamente en varias ocasiones y cada vez que exhales, relaja tu cuerpo y tu mente en un nivel profundo de conciencia. Imagínate como una persona muy equilibrada. Puedes relajarte, jugar, y cuidarte a ti mismo, y disfrutas tener tiempo y espacio en tu vida en los que no tienes nada en especial que hacer. Aun así actúas de acuerdo a tus sentimientos e impulsos de manera espontánea, exprésate de forma directa y decidida, y arriésgate a intentar nuevas cosas cuando te sientas inspirado para ello. Vives todo el espectro de ser y hacer, así que puedes obedecer tu guía interior en la dirección que te conduzca.

Ejercicio

Si básicamente eres un "hacedor", invierte un día haciendo lo menos posible de manera conciente. Fíjate en cómo te sientes y qué sucede.

Si más bien eres un "ser", tómate un día para que practiques actuar con base en cualquier impulso o inspiración que tengas, sin esperar ningún resultado en particular. Prueba cosas nuevas e inusuales, en especial aquéllas que suponen hacer contacto con la gente o te colocan en el mundo de forma nueva. Fíjate en cómo te sientes antes, durante y después de proceder así.

14. Autoritario y rebelde

El autoritario y el rebelde son dos partes de la personalidad que muchos de nosotros tenemos, de una forma o de otra. Si en nosotros se trata de voces potentes, nos dificultarán sentir y obedecer nuestra intuición. Si no tenemos conciencia de ellas, pueden controlar nuestro comportamiento de tal forma que interfieran con la habilidad para contactar nuestros deseos auténticos. La lucha entre ellas también puede provocar conflictos tremendos en nuestro interior.

Como en el caso de manejar nuestros otros seres, el primer y más importante paso es hacerse consciente de ellos. Una vez que los concientizamos, ya nos estamos alejando de la identificación con ellos. Los reconocemos como parte de nosotros, y comenzamos a decidir de manera consciente cuánto poder les otorgamos. Podemos reconocerlos y apreciarlos por la forma en que nos han ayudado, y por lo que todavía nos pueden ofrecer.

El autoritario interior contiene nuestra necesidad de orden y estructura y también las reglas que hemos aprendido acerca de cómo debemos comportarnos. Las personas que crecieron en un hogar con una figura paterna, o en una religión muy autoritarios, siempre desarrollan un poderoso autoritario interno que contiene todos los valores y reglas de las figuras de autoridad externas. Éste procura protegerte y mantenerte a salvo al asegurar que obedezcas las reglas, mantengas el orden y te comportes como una persona buena y responsable.

Si tienes un fuerte ser autoritario, por lo general cumples con una de las siguientes opciones: te esfuerzas por obedecer sus reglas o te rebelas contra ellas. Si las obedeces con fervor, de seguro eres una persona responsable que se atiene a la ley y a menudo eres exitoso. Sin embargo, puedes perder contacto con tu energía espontánea, libre y creativa y al final puedes inclusive sentir que has perdido tu alma.

Desarrollando un fuerte ser rebelde, algunas personas reaccionan a su educación autoritaria y a su propio autoritario introyectado. Se identifican con el rebelde y desconocen al ser autoritario, pero él permanece en las sombras del inconsciente, tratando de controlar el comportamiento y orillando constantemente al rebelde para que actúe.

El rebelde con frecuencia se desarrolla durante la infancia o la adolescencia, en un intento por mantener el sentido del ser y encontrar alguna libertad dentro de una estructura reglamentaria opresiva. Literalmente, durante esta época, esto puede ser un salvavidas. Por desgracia, el rebelde tan sólo reacciona ante las reglas impuestas por el autoritario; se rebela ante cualquier influencia controladora procedente del interior o del exterior. Hará de manera automática lo opuesto de lo que supuestamente se debe hacer.

Por lo tanto, no es más libre que el autoritario; es el lado opuesto de la misma moneda. Tiene poco qué ver con los verdaderos deseos de la persona; sólo hace lo opuesto de lo que se le indica. Al final, se convierte en una actitud de autosabotaje, inclinada con frecuencia hacia un comportamiento adictivo y autodestructivo.

Muchas personas que se identifican con el rebelde fueron la "oveja negra" de sus respectivas familias, y llevan a cabo las energías negadas de los otros miembros de la familia. Pueden continuar con este comportamiento en etapas posteriores de su vida, convirtiéndose siempre, ya sea en el chivo expiatorio o quien contiene las sombras dentro de una relación.

El rebelde luchará contra cualquier energía que sienta que quiere tomar el control, inclusive ante figuras de autoridad legítimas, o en contra de sus propios intentos interiores de crear una estructura positiva en su vida. Por ejemplo: tu jefe te puede hacer una petición razonable, y te enojas negándote a hacer lo que se te indica; decides seguir una dieta más sana y tu rebelde de inmediato se come tres rebanadas de pastel de chocolate; o decides hacer ejercicio por la mañana y duermes hasta el mediodía.

Como siempre, cuando estamos muy identificados con un tipo de energía, atraemos a nuestras relaciones lo opuesto. Si te identificas con tu voz autoritaria, es probable que tengas una pareja rebelde, hijos rebeldes y/o empleados rebeldes. Si te identificas con el rebelde, atraerás a tu vida energías autoritarias: la policía, las autoridades hacendarias, tu pareja, tu jefe, etcétera.

Ya sea que nos identifiquemos sobremanera con el autoritario o con el rebelde, estas identificaciones son inconscientes, por lo que no existe una elección auténtica o libertad alguna. Cuando tu ser autoritario te dicta cada movimiento, o se encuentra peleando con tu rebelde, es casi imposible ponerte en contacto con tus sentimientos intuitivos o tus deseos auténticos.

La clave consiste en estar consciente de ambas energías y aprender a reconocerlas. Intenta distinguir cuando una de las dos tiene el control, o cuando están entrampadas en un conflicto. Una vez que estás consciente de ellas, reconócelas por lo que han hecho por ti para ayudarte y protegerte. Después procura adentrarte un poco más profundamente en tu sensación intuitiva de qué es lo que en realidad necesitas y quieres en esta situación.*

Una paciente mía estaba frustrada con su carrera y percibía que estaba provocando su despido. Ella trabajaba en una oficina, haciendo el trabajo administrativo para un

* La forma más eficaz que he encontrado para hacernos conscientes de los diferentes seres en nuestro interior y trabajar con ellos es la técnica del Diálogo de voz de Hal y Sidra Stone.

141

agente de ventas. A pesar de que tenía grandes capacidades organizativas, se dio cuenta de que olvidaba algunas tareas. Su jefe le recordaba lo que no se había hecho y ella explotaba del enojo. Se percató que se enojaba en cada ocasión que su jefe le indicaba hacer algo, por más razonable que esto fuera. Sentía que no podía darse el lujo de perder su trabajo, pero tampoco quería permanecer en él. Se sentía atrapada. Cuando hablábamos, comenzó a identificar a su lado rebelde. Notó que estaba luchando contra el autoritario, quien le indicaba que debía permanecer en el puesto, y contra su jefe, quien estaba en una posición de control. Retrocedió a su infancia y observó la primera vez que desarrolló un rebelde interior. Notó que había tenido problemas con figuras de autoridad tanto en otros trabajos como en la escuela. Se dio cuenta que viejos patrones de comportamiento la ponían en acción.

Cuando vio esto, de inmeditao quiso cambiar estas actitudes. Le expliqué que no podía forzar el cambio. Si trataba de cambiar o de modificar a su rebelde, éste se activaría y continuaría luchando. Necesitaba estar dispuesta a observarse cuando reaccionaba, aceptando que éste era el esquema que estaba llevando a cabo. Una vez que en realidad captó lo que le estaba diciendo, le pedí que cerrara los ojos y se trasladara a un profundo espacio de su interior. Necesitaba preguntarle a su intuición lo que en verdad quería.

Resultaba que quería ser una agente de ventas, pero tenía miedo de intentarlo. Se sentía más y más enojada con ella por estar sentada atrás de un escritorio cuando sabía que había algo más para lo que estaba capacitada.

Después de que se dio cuenta de lo que quería hacer, pudo formular varias acciones que apoyaran su ideal. Mientras tanto, decidió mantener su trabajo y consiguió la ayuda de su jefe para lograr su meta. Decidió tener varias entrevistas informativas en compañías de ventas para conocer diferentes lugares en los que le gustaría trabajar. Se sentía mucho mejor después de haber percibido con claridad lo que quería y de discutir las acciones que podía seguir para ayudarse a ella misma.

Me llamó un mes después y aunque su autoritario y su rebelde seguían luchando, parecía que ya no tenían tanto poder. Continuaba apoyando su meta de hacer trabajo de ventas y se sentía mejor con su vida y menos reactiva con su jefe.

Ejercicio

Identifica algunas de las reglas y comportamientos que experimentas como demandantes y controladores (básicamente del tipo autoritario). Usa las categorías que están a continuación, aunadas a cualquier otra que tengas. He dado algunos ejemplos en cada categoría.

Trabajo: *Tengo que trabajar entre cuarenta y sesenta horas por semana; tengo que trabajar arduamente para llegar a hacer algo; no puedo hacer dinero trabajando en lo que me gusta.*

Dinero: *Nunca voy a tener suficiente dinero; debo de ahorrar algo para alguna emergencia; no debo ser frívolo con el dinero.*

Relaciones: *Tengo que encontrar una pareja; tengo que complacer a mi pareja; tengo que ser monógamo; es mejor que me sienta satisfecho con lo que tengo.*

Sexo: *Tengo que tener un orgasmo cada vez que hago el amor; tengo que estar enamorado para tener sexo; tengo que ser el amante más sensual y sensacional que existe.*

Ahora escribe los correspondientes pensamientos rebeldes que tengas. Por ejemplo: *¿Para qué tener un trabajo?; Voy a renunciar a mi trabajo* o *¿A quién le interesa el dinero? Yo no lo necesito* o *Voy a hacer lo que quiera a espaldas de mi pareja.*

Después de escribir los diálogos del autoritario y del rebelde, ubícate en un profundo espacio y pregúntate qué es lo que más quieres; descubre lo que es auténtico para ti. Escribe cualquier pensamiento y sentimientos que lleguen a ti.

15. RELACIONES

INTERPERSONALES

En el mundo viejo las relaciones tienen, con frecuencia, primariamente un foco exterior: intentamos ser íntegros y felices al conseguir algo exterior a nosotros. Es inevitable que esta expectativa se convierta en desilusión, resentimiento y frustración. Cuando crece cualquiera de estos sentimientos, genera conflictos continuos que se reprimen y conducen a la parálisis emocional. Sin embargo, nos aferramos a las relaciones movidos por la inseguridad emocional, o vamos de una relación a otra buscando la parte perdida que todavía no encontramos.

Hemos estado en este trágico predicamento por lo menos durante miles de años; ahora parece que estamos llegando a un punto crítico. Tanto las relaciones como las familias, como las hemos conocido hasta ahora, parece que se están desbaratando con rapidez. Muchas personas sienten pánico debido a esto; algunas otras intentan restablecer las viejas tradiciones y sistemas de valores en un intento de aferrarse a una sensación de orden y estabilidad en sus vidas.

Sin embargo, es inútil tratar de regresar en el tiempo porque nuestra conciencia ya ha evolucionado más allá del punto donde estamos dispuestos a hacer los sacrificios necesarios para vivir de esa manera. En el pasado, muchas personas estuvieron dispuestas a aferrarse, de por vida, a relaciones que les daban estabilidad física y emocional, aunque en esencia estaban muertas.

Ahora, un número creciente de nosotros se está dando cuenta de que es posible tener una intimidad más profunda y más vitalidad y pasión en una relación. Estamos dispuestos a abandonar viejas ideas acerca de las relaciones para buscar estos ideales, pero no sabemos dónde encontrarlos. Muchos seguimos buscando fuera de nosotros; seguros de que si encontramos al hombre o la mujer correctos, seremos bendecidos con la felicidad; o pensando que estaremos bien si nuestros hijos o nuestros padres se comportan en la forma correcta. Estamos confundidos y frustrados, nuestras relaciones parecen estar en caos, y ya no tenemos las viejas tradiciones a las cuales adherirnos y nada nuevo que ocupe su lugar. No obstante, no podemos regresar, debemos movernos hacia lo desconocido para crear nuevas clases de relaciones.

Para lograr esto, es importante comprender que nuestras relaciones externas reflejan nuestras relaciones internas. Mi relación básica es mi relación conmigo misma, todas las demás relaciones son reflejo de ella. A medida que aprendo a quererme, de manera automática recibo el amor y el aprecio que deseo de los demás. Si estoy comprometida conmigo y vivo mi verdad, atraeré a otros que tienen el mismo nivel de compromiso. Mi disposición para estar en intimidad con mis propios y profundos sentimientos crea el espacio para la intimidad con otro. El disfrutar mi propia compañía me permite disfrutar la compañía de quien está conmigo. Y cuando siento la vitalidad y el poder del universo fluyendo a través de mí, se crea una vida de sentimientos apasionados y de realización que comparto con quien estoy involucrada.

Cuidándonos a nosotros mismos

Debido a que la mayoría de nosotros nunca ha aprendido en realidad a cuidarse a sí mismos, nuestras relaciones han estado fundamentadas en tratar de tener a alguien que nos cuide.

Cuando somos bebés, somos muy conscientes e intuitivos. Desde el momento que nacemos, percibimos las necesidades y el dolor emocional de nuestros padres y de inmediato comenzamos a desarrollar el hábito de complacerlos y satisfacer sus necesidades para que continúen cuidándonos.

Posteriormente, nuestras relaciones perpetúan los mismos procedimientos. Existe un acuerdo telepático inconsciente: "Procuraré hacer lo que quieres que haga y seré la persona que quieres que sea si te mantienes a mi lado, me das lo que necesito y no me abandonas."

Este sistema no funciona muy bien que digamos. Otras personas tienen con frecuencia la capacidad de satisfacer nuestras necesidades con consistencia y éxito, por lo que nos desilusionamos y frustramos. Luego, intentamos cambiar a la otra persona para que satisfaga mejor nuestras necesidades (lo que nunca resulta), o nos resignamos a aceptar menos de lo que en realidad necesitamos. Además, cuando tratamos de dar a los demás lo que necesitan, casi siempre hacemos cosas que en verdad no queremos hacer y terminamos con resentimientos hacia ellos ya sea consciente o inconscientemente.

En este punto, nos damos cuenta que no funciona tratar de cuidarnos, cuidando a otros. Yo soy la única que en realidad puede cuidar bien de mí, así que es mejor hacerlo de forma directa y dejar que los demás hagan lo mismo por ellos. Esto no significa que no podamos cuidar y dar a los otros; sólo significa que podemos elegir de manera conciente dar o no, basados en lo que en verdad sentimos en lugar de hacerlo por miedo u obligación. De hecho, entre más y mejor nos cuidemos a nosotros, más tendremos qué brindar a los demás.

¿Qué significa cuidarte a ti mismo? Para mí, significa confiar y obedecer a tu intuición. Significa tomar el tiempo necesario para escuchar a mis sentimientos –que incluyen los sentimientos del niño que reside en mi interior que algunas veces está asustado o herido– y respondiendo con cuidados, con amor y con las acciones apropiadas. Significa colocar en primer lugar mis necesidades interiores y más importantes, confiando en que cuando hago esto, las necesidades de los demás serán tomadas en cuenta y que todo aquello que necesita hacerse se hará.

Por ejemplo, si me siento triste, puedo arrebujarme en mi cama y llorar, tomándome el tiempo para ser muy amorosa conmigo. O puedo localizar a alguien que se preocupe por mí para hablar hasta que algunos de los sentimientos se liberen y me sienta aliviada de su peso.

Si he trabajado muy arduamente, estoy aprendiendo a posponer el trabajo sin importar qué tan importante éste sea, y tomarme algún tiempo para jugar o sólo tomar un baño caliente y leer una novela.

Si alguien a quien amo me pide algo que en verdad no quiero dar, estoy aprendiendo a decir no de la manera más clara y amorosa que me sea posible, y confío en que él o ella estará en realidad mejor que si hubiera hecho aquello que yo no quería hacer. De esta forma, cuando digo que sí, lo digo de verdad.

Aquí hay una cuestión muy importante que quiero aclarar; tiene que ver con algo con lo que estuve confundida durante mucho tiempo y finalmente entendí. Cuidarte a ti mismo no significa "hacerlo todo sólo tú". Crear una buena relación contigo mismo no se hace en una burbuja, sin ninguna relación con la demás gente. Si fuera así, nos convertiríamos en ermitaños durante algunos años hasta que desarrolláramos una relación perfecta con nosotros mismos, para después emerger y de repente tener relaciones perfectas con los demás.

Desde luego, es importante que podamos estar solos, y algunas personas necesitan alejarse en algún grado de las relaciones externas, hasta que se sientan de verdad cómodos con ellos mismos. Tarde o temprano, necesitamos el reflejo que ofrece una relación. Necesitamos desarrollar y fortalecer nuestra relación con nosotros mismos en el mundo de la forma a través de interactuar con otras personas.

La diferencia en estos acercamientos es el foco de atención. En el viejo mundo de las relaciones, el foco

147

de atención estaba en la otra persona y en la relación misma. Nos comunicábamos con el propósito de que la otra persona nos entendiera y nos diera más de aquello que necesitábamos. En las relaciones del mundo nuevo, el foco de atención está en el desarrollo de la relación con nosotros mismos y con el universo. Nos comunicamos para mantener nuestro canal despejado y para proporcionarnos más de aquello que necesitamos. Las palabras con las que hablamos pueden ser las mismas, pero la energía es diferente y también es diferente el resultado.

Por ejemplo, supongamos que me siento sola y quiero que mi pareja pase la noche conmigo a pesar de que sé que él está planeando hacer otra cosa. Es probable que antes sintiera miedo de pedir de forma directa lo que quería. Es muy posible que me hubiera quedado sola, en mi casa concentrándome en aprender a disfrutar de mi soledad. Cuando hablara con él más tarde, me sentiría resentida aunque no lo admitiese ni para mí misma ni frente a él. No obstante, él sentiría este resentimiento y, a su vez, tendría culpa y resentimiento hacia mí. Nada de esto sería externado para su discusión y cuando tuviéramos una discusión, él podría decir: "De cualquier manera no te importan mis sentimientos; nunca quieres estar conmigo". A esta altura, le estoy comunicando telepáticamente mi necesidad fundamental de que él sea responsable de mi felicidad.

Ahora (eso espero) sería más directa desde el principio. Yo diría: "Sé que tienes otros planes, pero siento la necesidad de conectarme en este momento y me encantaría que pasaras la noche conmigo." Me estoy haciendo responsable de pedir lo que quiero, y al hacerlo así en realidad me estoy cuidando a mí misma al pedirle que haga algo por mí. La clave consiste en que el foco de atención está en mí misma: esto es lo que estoy sintiendo y esto es lo que quiero. Debo estar dispuesta a ser vulnerable al hacer esto. Pero he descubierto que es esta disposición a decir lo que siento y lo que quiero lo que me hace sentir íntegra.

En un sentido, esto me hace sentir ya más realizada porque estuve dispuesta a apoyarme a mí misma.

Todo está claro, y él tiene la libertad de responder con honestidad. En el mejor de los casos, él puede comunicarse con su interior para averiguar lo que es auténtico para él. Si quiere satisfacer mi petición, ¡será la cereza que corona el pastel! De no ser así, me puedo sentir triste o herida. Comunicaré mis sentimientos (de nueva cuenta, lo hago en beneficio propio, para mantenerme despejada) y después dejo que las cosas tomen su propio curso. Utilizaré esa noche como la oportunidad para adentrarme con más profundidad conmigo misma y fortalecer mi conexión con el universo.

He descubierto algo muy interesante. Cuando me comunico de manera auténtica y directa, sin reproches ni juzgando, y digo todo lo que quiero expresar, no parece ser tan importante cómo responde la otra persona. Puede ser que no se haga exactamente lo que quiero, pero me siento tan despejada y fortificada por cuidarme a mí misma, que es más fácil buscar el resultado. Si continúo siendo honesta y vulnerable con mis sentimientos hacia mi pareja, mi familia y mis amigos, no terminaré con resentimientos o necesidades ocultas.

Cuando te cuidas a ti de esta forma, las más de las veces obtienes lo que pides. De no ser así, el siguiente paso es buscarlo. Desplázate a tu interior y conéctate con lo que tu intuición te indica que debes hacer a continuación. Siempre deja que te conduzca a una mejor conexión contigo y con el universo.

Por lo tanto, una parte importante al crear una relación de amor contigo mismo consiste en reconocer tus necesidades y aprender a pedir lo que quieres. Tenemos miedo de hacer esto porque tememos parecer muy necesitados, muy carentes. La causa de que parezcamos muy necesitados se encuentra en las necesidades ocultas, que no se han reconocido. Como no se expresan directamente, se manifiestan de manera indirecta o por vía telepática. ¡La gente las percibe y se retira de nosotros porque de forma intuitiva sabe que no pueden ayudarnos si no hemos aceptado nuestra necesidad de ayuda!

Es paradójico el hecho de que a medida que reconocemos y aceptamos nuestras propias necesidades y pedimos ayuda de forma directa, en realidad nos fortalecemos. Se trata del masculino apoyando al femenino. A la gente le parece fácil darnos, y cada vez nos sentimos más completos.

Siguiendo a la energía

He descubierto que cuando estoy dispuesta a confiar y seguir mi energía, ésta me conduce a relacionarme con gente de la cual puedo aprender mucho. Entre más fuerte es la atracción (o la reacción), más potente es el reflejo. Así que la energía siempre me conducirá a situaciones donde el aprendizaje es más intenso.

Al principio, puede ser espantoso vivir de esta manera. Siempre nos ha asustado confiar en nuestros propios sentimientos, en especial en el plano de las relaciones y de la sexualidad. Debido a que esta energía es muy intensa, muy cambiante e impredecible, tememos que reine el caos total. Tenemos terror de que nos hieran o de herir a alguien más. No confiamos en lo que el universo sabe hacer, o no confiamos en nuestra capacidad para seguir al pie de la letra a nuestra guía interna. Y hay buenas razones para esto. En el plano de las relaciones, tenemos tantos viejos esquemas y adicciones que con frecuencia tenemos dificultades para oír con precisión nuestra voz intuitiva interna.

Obedecer a tu energía no significa llevar a cabo todos los impulsos, sensaciones o fantasías que tengas, ese sería el mejor camino hacia el caos. Para seguir a tu energía de manera constructiva, es importante estar consciente de los diferentes seres o voces de tu interior, que en ocasiones pueden tener sentimientos y necesidades contradictorias. Por medio de este tipo de conciencia, puedes empezar a experimentar el profundo sentimiento intuitivo que la fuerza vital está tratando de llevarte, mientras

150

cumples con arreglos importantes, límites y compromisos que puedas tener con otros.

Hasta ahora, la mayoría de nosotros hemos evitado confrontar a nuestros miedos al construir estrictas reglas estructurales para todas nuestras relaciones. Cada relación entra en una categoría determinada, y cada categoría supone una serie de reglas y de comportamientos apropiados a dicha categoría. Esta persona es un amigo, por lo tanto me comporto de esta manera; esta persona es mi esposo; por lo tanto se espera que haga estas cosas; esta persona pertenece a mi familia; por eso ésta es la manera en que actuamos el uno con el otro; y así por el estilo. Hay muy poco espacio para descubrir cuál es la verdad de cada relación.

Algunas personas se rebelan en contra de este sistema reglamentado y a propósito crean relaciones que contradicen las normas culturales establecidas: es el caso de las relaciones que no son monógamas, de las relaciones homosexuales y bisexuales, etcétera. Si estas relaciones son motivadas básicamente por la rebelión, puede tratarse de reacciones en contra de las reglas, y aun así no tratarse de una conexión con nuestras verdaderas necesidades.

De la misma manera en que todo ser es una entidad única, diferente a cualquier otro, toda conexión entre dos o más seres es única. Ninguna relación es idéntica a otra. Además, la naturaleza del universo es de cambio constante. La gente cambia todo el tiempo y también cambian las relaciones.

Así que cuando nos esforzamos por etiquetar y controlar las relaciones, las destruimos, para después invertir mucho tiempo y energía tratando infructuosamente de revivirlas.

Debemos permitir que nuestras relaciones se nos revelen. Si nos conectamos con nosotros mismos, si confiamos en nosotros, y nos expresamos de forma total y honesta mutuamente, la relación se desenvolverá en su propia y fascinante forma. Cada relación es una aventura asombrosa; nunca sabes con exactitud hacia dónde conducirá.

Siempre se encuentra cambiando su humor, sabor y forma, minuto a minuto, día a día, año con año. En ocasiones, puede acercarte con otro. Otras veces, puede apartarlos.

Compromiso e intimidad

Cuando discutimos la idea de confiar y seguir a la energía, la gente con frecuencia pregunta en qué lugar colocamos al compromiso dentro de este panorama.

Debido a que hemos estado tan atentos a lo externo, la mayoría de nosotros hemos intentado hacer un compromiso con una relación externa. A lo que en realidad nos estamos comprometiendo es a un grupo de reglas: "Estoy de acuerdo en comportarme de tal y tal forma para que nos sintamos seguros acerca de esta relación." Generalmente, estas reglas no se han establecido claramente, se asumen. La gente dice que está en una relación comprometida pero con regularidad se aclaran a ellos mismos, o entre ambos, qué es lo que están comprometidos a hacer o no.

En una relación romántica, por lo general se supone que ambas partes acuerdan no tener relaciones sexuales con otros. A pesar de que esto es más bien vago, porque nadie define lo que significa "tener sexo". Muy seguido el acuerdo implícito es no sentir atracción sexual hacia nadie más. Sin embargo, ¿cómo se puede acordar no sentir algo? Los sentimientos están fuera de nuestro control consciente. Podemos realizar compromisos acerca de cómo nos comportaremos, ya que tenemos control consciente sobre nuestras acciones. La mayoría de la gente piensa que el compromiso a un comportamiento monógamo es necesario para preservar el sentido de la intimidad que desean en una relación primaria. La cuestión importante aquí consiste en si estamos haciendo un compromiso como una forma de controlar a nuestra pareja ("yo seré monógamo así que tú también tendrás que serlo") o debido a nuestra propia integridad ("yo elijo ser monógamo porque quiero la profundidad de la intimidad que se creará en mi relación primaria").

152

El problema verdadero con muchos de los compromisos que establecemos o que asumimos es que no dejan espacio para los cambios inevitables y para el crecimiento de las personas y de las relaciones. Si prometes comportarte de acuerdo a un grupo de reglas que provienen del exterior, al final tendrás que ser auténtico a ti o auténtico a las reglas. Cuando dejas de ser honesto y auténtico, no queda mucho de ti para permanecer en la relación. Terminas con un cascarón vacío: un bonito compromiso, pero sin gente de verdad en él.

Debido a que esta clase de compromiso intenta evitar que la forma de la relación cambie, en la mayoría de las ocasiones no tiene mucha duración. El hecho es que las relaciones sí cambian y ningún compromiso puede garantizar que no sea así. Ninguna forma exterior nos puede dar la seguridad que buscamos. ¡Puedes estar casado durante cincuenta años y en el año cincuenta y uno tu pareja puede decidir dejarte!

Si tan sólo nos damos cuenta de esto, nos puede ahorrar mucho sufrimiento. La gente que se divorcia casi de forma inevitable siente que ha fallado, porque asume que todos los matrimonios deben durar para siempre. No obstante, en muchos casos, el matrimonio ha sido un éxito. Ha ayudado a que cada persona crezca al punto que ya no necesitan la misma forma.

En muchos casos lo que causa el dolor es que no sabemos cómo permitir que la forma cambie *mientras continuamos cumpliendo con el amor y la conexión fundamentales.* Cuando estás profundamente involucrado con otro ser humano, la conexión entre las almas con frecuencia dura para siempre. Sin embargo, la intensidad de la relación se incrementa o decrece dependiendo de cuánto hay que aprender de ella en un momento determinado. Cuando has aprendido mucho al estar con alguien, la energía entre ustedes puede disminuir al grado que ya no necesiten interactuar tanto o en absoluto en el plano de la personalidad. Algunas veces, la energía se renueva a sí misma en otro nivel.

153

No entendemos esto, así que nos sentimos culpables, decepcionados y heridos cuando una relación cambia de forma. No sabemos en realidad cómo compartir nuestros sentimientos de manera efectiva unos con los otros, así que con frecuencia respondemos a estos sentimientos terminando nuestra conexión con la otra persona. Esto nos causa un dolor auténtico, porque en realidad estamos clausurando nuestros propios sentimientos profundos. He descubierto que los cambios en las relaciones pueden ser menos dolorosos, y en ocasiones inclusive hermosos, cuando nos podemos comunicar con honestidad y confiamos en nosotros durante el proceso.

La mayoría de la gente considera que el sacrificio y el compromiso son necesarios para mantener una relación. La necesidad del sacrificio y del compromiso se finca en un malentendido de la naturaleza del universo. Tenemos miedo de que no haya suficiente amor para nosotros y de que la verdad sea dañina. De hecho, el universo está lleno de amor, y la verdad, cuando podemos observarla, siempre es sanadora.

Cuando estoy dispuesta a ser honesta y a pedir lo que quiero, a continuar compartiendo abiertamente mis sentimientos, descubro que la verdad fundamental en cualquier situación es la misma para todos los involucrados. En un principio, puede parecer que quiero una cosa y que la otra persona quiere algo diferente. Si ambos seguimos diciendo la verdad a medida que la sentimos, tarde o temprano se soluciona de tal manera que ambos podemos tener lo que de verdad queremos.

Por ejemplo, una pareja que son pacientes míos pasaban por un período de muchos conflictos relacionados con su trabajo. Eran socios en un negocio muy productivo. Ella estaba cansada del negocio y quería hacer algo más. Él adoraba el trabajo y quería continuarlo, pero no quería hacerlo sin ella. Constantemente peleaban sobre si vender el negocio (el deseo de ella) o continuar y expandirlo (el deseo de él).

Una vez que empezaron a comunicarse en un plano más profundo, desenmascararon sus miedos. Ella anhelaba expresar su creatividad en nuevas formas, pero se sentía aterrorizada de no poder hacerlo con éxito ella sola, sin el apoyo constante de él. También tenía miedo de que no pudiese producir tanto dinero, y que él sintiera disminuir su contribución al ingreso familiar. Él tenía miedo de que no estuviese capacitado para manejar el negocio sin ella; dependía mucho de la capacidad creativa de ella y no confiaba en su propia capacidad intuitiva. También, temía que su vida laboral sería aburrida y monótona sin el calor y el humor de su mujer.

Una vez que habían expresado sus sentimientos, pudieron ver que ambos estaban listos para saltar a un nuevo nivel de independencia y creatividad. Estaban listos para abandonar algo de su mutua dependencia y para desarrollar más confianza en ellos mismos. Ella se separó poco a poco del negocio y comenzó una nueva carrera, que al final fue muy emocionante y satisfactoria. Él continuó manejando el negocio y lo desarrolló en nuevas e interesantes direcciones. Su relación mejoró debido a su mayor independencia y autoconfianza.

Para mí, el compromiso en una relación necesita estar fincado en un compromiso conmigo misma: para amar, cumplir, obedecer y cobijar a mi propio ser. Mi compromiso en una relación consiste en respetar mi propia verdad y también hacer lo mejor que pueda para cumplir y honrar la verdad de la otra persona.

A cualquier persona que amo, le prometo hacer mi mejor esfuerzo para ser honesta, para compartir mis sentimientos, para responsabilizarme de mí misma, para honrar y cumplir con la conexión que siento con esa persona y para mantener esa conexión.

Si bien podemos tener un fuerte deseo e intención de mantener cierta forma de relación (por ejemplo, un matrimonio), no podemos tener garantía absoluta acerca de la forma de la relación. El auténtico compromiso acepta el hecho de que la forma cambia constantemente y que podemos confiar en ese proceso de cambio. Éste abre la puerta a la verdadera intimidad que se crea cuando la gente comparte con profundidad y honestidad con el otro. Si dos personas permanecen juntas con base en esto, es porque en verdad quieren estar juntas. Continúan encontrando una intensidad de amor y aprendizaje la una con la otra a medida que cambian y crecen.

Ser o no ser monógamo

La gente con regularidad me pregunta si creo que la monogamia es necesaria en una relación primaria. Por lo general contesto compartiendo mi propia experiencia. Como mencioné anteriormente en este mismo libro, en alguna época de mi vida experimenté con relaciones románticas que no eran monógamas. Descubrí que tenía maravillosos ideales de amor y libertad, pero que en el plano emocional era muy doloroso para mí. También me di cuenta de que mis razones básicas eran el miedo y la ambivalencia acerca del compromiso en una relación.

Una vez que conocí a los diferentes seres de mi interior, ¡me di cuenta de que algunos de estos seres interiores son monógamos y otros no lo son! De hecho, creo que esto es más o menos universal. Todos tenemos ciertos seres a quienes les encantaría estar en libertad de relacionarse sexualmente con otros de forma espontánea, cada vez que se les antojara. Tenemos otros seres que necesitan y desean la seguridad y exclusividad de una relación monógama. En particular, el vulnerable niño interior, en realidad no aceptará una relación diferente a la monógama.

Debido a que mostrar nuestra vulnerabilidad profunda a otro es una condición para la intimidad, si el niño vulnerable no está presente en una relación, no experimentaremos la profundidad de la cercanía que la mayoría de nosotros anhela en las relaciones sexuales.

Ese grado de intimidad es muy importante para mí, así que llegué a la conclusión de que un compromiso mutuo de comportamiento monógamo es un elemento importante en la relación con mi pareja. Entendemos que la atracción hacia otros es una parte inevitable de estar vivos. Podemos sentir e inclusive disfrutar esas atracciones manteniendo los límites adecuados. Si somos honestos con nosotros mismos, estas experiencias pueden ser parte de nuestro crecimiento personal y del crecimiento de nuestra relación.

Romance

Cuando conocemos a alguien que es en particular un fuerte espejo para nosotros, sentimos una fuerte atracción (o la podemos experimentar al inicio como repulsión o disgusto; cualquiera que sea el caso, existe un sentimiento fuerte). Si esa persona es del sexo que preferimos y posee ciertas características, podemos experimentar el sentimiento como una atracción sexual. Cuando la energía es particularmente fuerte, tenemos la experiencia que conocemos como "estarnos enamorando".

El enamorarse es en realidad una poderosa experiencia de sentir el universo moverse a través de ti. La otra persona se ha vuelto un canal para ti, un catalizador que te acciona para que te abras al amor, la belleza y la pasión que residen en ti. Tu propio canal se abre por completo, la energía universal pasa por él, y tienes un increíble momento de "iluminación" muy similar a las experiencias que algunas personas tienen después de largos periodos de meditación.

Esta es la experiencia más emocionante y apasionada que se puede tener en el mundo y, por supuesto, queremos aferrarnos a ella. Por desgracia, no nos percatamos que estamos experimentando el universo dentro de nosotros. ¡Reconocemos que la otra persona ha activado esta experiencia y pensamos que es él o ella quien es así de formidable! En el momento en que nos enamoramos estamos percibiendo con certeza la belleza del espíritu de esa persona, pero podemos no reconocerla como un reflejo nuestro. Sólo sabemos que sentimos esta gran sensación cuando estamos con ellos. Así que con frecuencia comen-

157

zamos a delegar nuestro poder en ellos, y empezamos a colocar nuestra fuente de felicidad fuera de nosotros.

La otra persona de inmediato se convierte en un objeto, algo que queremos poseer y al cual aferrarnos. La relación se convierte en una adicción: como en el caso de una droga, cada vez queremos más de aquello que nos prende. El problema está en que nos hacemos adictos de la forma de la persona, sin darnos cuenta que lo que queremos es la energía. Ponemos la atención a la personalidad y al cuerpo, y tratamos de aferrarnos a eso, para mantenerlo. En el instante que hacemos esto, la energía se bloquea. Al aferrarnos con tanta fuerza al canal, en realidad estamos estrangulándolo y clausurándolo a la energía que buscamos.

La pasión auténtica nos junta, pero nuestras necesidades con frecuencia toman el mando poco tiempo después. La relación comienza a morir casi en el mismo momento que florece. Entonces en realidad nos entra pánico y es común que nos aferremos todavía con más fuerza. La experiencia inicial del enamoramiento fue tan poderosa que a veces invertimos años tratando de recrearla, pero con frecuencia entre más intentamos, más se diluye. Es sólo cuando nos damos por vencidos y abandonamos la cuestión, cuando la energía puede comenzar a fluir de nuevo y podemos experimentar el mismo sentimiento.

Esta es la naturaleza trágica del romance en el mundo viejo. Hemos invertido miles de años intentando resolver esto. Nuestras canciones favoritas, historias y dramas reflejan y refuerzan la naturaleza exteriormente adictiva de nuestras relaciones y el dolor y frustración que resultan de ellas.

En el mundo nuevo, estamos descubriendo algo simple y hermoso que puede sanar muchos de nuestros sufrimientos: el mayor de los romances puede ser nuestra propia aventura amorosa con la vida.

Una aventura amorosa

Estoy descubriendo que estar vivo es una aventura amorosa con el universo. También la entiendo como una aventura amorosa entre los interiores masculino y femenino, y entre la forma y el espíritu.

A medida que construyo y abro mi canal, más y más energía fluye. Siento una creciente intensidad de sentimientos y pasiones. Estar enamorado es una forma de ser que es independiente de cualquier persona. Sin embargo, ciertas personas parecen intensificar o profundizar mi experiencia de la fuerza vital que está en mí. Sé que esas personas son para mí espejos y también son canales para la energía especial de mi vida.

Me muevo hacia ellos porque quiero la intensidad que experimento con ellos. Siento al universo desplazarse de mí hacia ellos, y desde ellos hacia mí. Esto puede darse en cualquier forma de intercambio. La propia energía me permite saber qué es lo necesario y apropiado. Es un intercambio mutuamente satisfactorio ya que el universo nos está dando a cada uno lo que necesitamos. Puede tratarse de una única y breve experiencia, una mirada o una conversación corta con un desconocido. O puede ser un contacto prolongado, una relación profunda que puede durar muchos años. cada vez la percibo con más claridad como el universo que llega hasta mí constantemente, a través de diferentes canales.

Lo que acabo de escribir es sólo la situación ideal. Es cierto que no vivo de manera íntegra en todos los momentos. En muchas ocasiones estoy atrapada en mis miedos e inseguridades. Sin embargo, lo estoy experimentando cada vez con más frecuencia, y cuando así sucede ¡se siente de maravilla!

Ejercicios

1. Haz una cita romántica contigo mismo. Haz todo como si estuvieras saliendo con la pareja más emocionante que puedas imaginar. Tómate un lujoso baño caliente, vístete con tus mejores ropas, compra flores para ti, ve a un lindo restaurante, toma una caminata a la luz de la luna,

haz cualquier otra cosa que se te antoje. Pasa la noche diciéndote lo maravilloso que eres, cuánto te quieres y cualquier otra cosa que quisieras oír de un amante. Imagina que el universo es tu amante y te está dando todo lo que quieres.

2. La próxima ocasión que experimentes una "onda" romántica o sexual con alguien, recuerda que es el universo a quien estás sintiendo. Hagas lo que hagas, actúes de acuerdo con lo que sientes o no, sólo recuerda que todo es parte de la verdadera aventura amorosa con la vida.

16. Nuestros hijos

Vivir como un canal para el universo es aplicable tanto al ser padres como a cualquier otra área de nuestras vidas. Aunque yo no tengo hijos, sí tengo algunos amigos quienes están usando estos principios para relacionarse con sus hijos. Ciertamente no es fácil transformar nuestros viejos conceptos y esquemas acerca del cuidado y la crianza de los hijos; pero los resultados son maravillosos: hay una luz brillante irradiando de estos niños; para sus padres satisfacción y realización y la profundización de la cercanía y del acto de compartir entre ellos.

Nuestras viejas ideas sobre la paternidad/maternidad por lo general conllevan un sentimiento de responsabilidad absoluta sobre el bienestar de nuestros hijos y el intento de seguir un comportamiento estándar acerca de lo que se supone que es "ser un buen padre". A medida que aprendes a confiar en ti y a ser tú mismo, puedes encontrarte violando muchas de las viejas reglas sobre lo que hace un buen padre. Sin embargo, la energía y la vitalidad a través de ti, tu creciente sensación de satisfacción con tu propia vida; y tu confianza en ti mismo y en el universo, harán mucho más para ayudar a tus hijos que cualquier otra cosa.

En un sentido, ¡tú no tienes que "criar" a tus hijos en lo absoluto! El universo es el verdadero padre de tus hijos; tú sólo eres el canal. Entre más capacitado estés para seguir a tu energía y para hacer lo que es mejor para ti, con más frecuencia se manifestará el universo a través de ti y a través de todos los que te rodean. A medida que prosperes, tus hijos prosperarán también.

Cuando los bebés nacen son seres poderosamente intuitivos. Recién llegados al mundo físico, invierten sus primeros años aprendiendo a vivir en su cuerpo. Sus *formas* son más jóvenes y menos experimentadas que las nuestras, pero sus *espíritus* están tan desarrollados como los nuestros. De hecho, pienso que con frecuencia tenemos niños que están más desarrollados en el plano espiritual que nosotros, así que podemos aprender de ellos.

Nuestros niños llegan al mundo como seres despejados. Ellos saben quiénes son y qué es lo que vinieron a hacer aquí. Creo que en algún nivel de conciencia, los padres y los hijos han hecho un acuerdo. Los padres han acordado mantener y asistir al hijo para que desarrolle su forma (cuerpo, mente y emociones) y para que aprenda cómo ser funcional en el mundo. El hijo ha acordado ayudar a los padres para que estén más en contacto con su ser intuitivo. Gracias a que los hijos todavía no pierden su conexión consciente con su espíritu, nos proporcionan un apoyo considerable para que nos reconectemos con nuestros seres superiores.

Nuestros hijos necesitan de nosotros esencialmente dos cosas:

1. Necesitan ser aceptados por lo que en realidad son. Si vemos y sabemos que son seres espirituales poderosos y nos relacionamos con ellos desde esta perspectiva desde el inicio, no tendrán la necesidad de ocultar su poder y de perder contacto con su alma, como nos ha pasado a muchos de nosotros. Sus respectivos seres recibirán el apoyo y el reconocimiento que necesitan para permanecer despejados y fuertes.

2. Nos necesitan para tener un ejemplo de cómo vivir con eficacia en el mundo de la forma. Mientras hacemos esto, ellos observan cómo vivimos y nos imitan. Los hijos al ser muy perceptivos y pragmáticos, en realidad copian lo que *hacemos* y no lo que *decimos*.

Como recompensa por responsabilizarnos de estas dos cuestiones, recibimos de nuestros niños cantidades infinitas de energía vital. Los niños son canales muy despejados y muy poderosos, a menos que en edad muy temprana se les cancele este aspecto por falta de apoyo. Debido a que no han desarrollado todavía mucha censura racional, son casi totalmente intuitivos, completamente espontáneos y absolutamente sinceros. Al observarlos, podemos aprender muchísimo acerca de cómo seguir y obedecer a la energía y cómo vivir de forma creativa.

La mayoría de los padres no han podido cumplir con sus responsabilidades como ellos hubieran querido. En general, los padres han estado confundidos acerca de sus papeles y responsabilidades. No han tenido ni modelos ni guías claros. Hasta fechas muy recientes en la historia de la humanidad, nadie había realizado mucha investigación acerca del fenómeno de ser padres, y todavía hay muy pocos recursos para educarse acerca de cómo ser un padre. La mayoría acomete esta tarea a través de la técnica del ensayo y error. Así, que todos han cometido muchos errores.

Yo he conocido a muchos padres quienes, ahora que se han vuelto más conscientes, experimentan una culpa y tristeza tremendas al pensar en la forma en que criaron a sus hijos. Es de gran ayuda recordar que los niños son seres espirituales poderosos que son responsables de sus propias vidas. Ellos te escogen como padre para que puedan aprender las cosas que necesitan solucionar en esta vida.

También es una ayuda tremenda saber que a medida que crezcas y evoluciones, tus transformaciones los apoyan y afectan de manera muy positiva. Ellos cambiarán en la medida en que tú cambies, inclusive si ya son adultos y viven muy lejos de ti. Todas las relaciones son telepáticas, así que sin importar la distancia física, continuarán reflejándote.

Debido a que no hemos estado suficientemente conectados con nuestro propio ser, ha sido difícil reconocer y confiar en el espíritu que reside en nuestros niños. Ya que no estaban desarrollados en los planos físico y racional, pensamos que eran menos conscientes y menos responsable de lo que en realidad son.

En mucha gente he observado una actitud básica que considera a los niños como desvalidos y en quienes no se puede confiar y que los padres son responsables de controlar y moldear a los niños como seres responsables. Por supuesto, los niños captan esta actitud y la reflejan en su comportamiento. Si tú los aceptas y los tratas como seres poderosos, espiritualmente maduros y responsables, ellos responderán de acuerdo a esta actitud.

Los niños como espejos

Gracias a que los niños pequeños están relativamente intactos, son nuestros más nítidos espejos. Como seres intuitivos, están conectados en el nivel de los sentimientos y sensaciones y responden en forma directa a la energía a medida que la experimentan. Todavía no han aprendido a encubrir a esta energía. Cuando los adultos no se expresan o actúan de acuerdo a lo que en realidad sienten, los niños de inmediato captan la discrepancia y reaccionan ante ella. Observar sus reacciones puede ayudarnos a volvernos más conscientes de nuestros propios sentimientos reprimidos.

Por ejemplo, si estás tratando de aparentar calma cuando sientes por dentro decepción y enojo, tus hijos pueden reflejarte esto al volverse agresivos y desorganizados. Intentas mantener el control, pero ellos captan la energía caótica de tu interior y la reflejan en su comportamiento. Por extraño que parezca, si tú expresas de forma directa lo que en realidad estás sintiendo, sin tratar de ocultarlo ("¡me siento muy decepcionado y frustrado porque he tenido un día pésimo! ¡Estoy enfurecido con el mundo, conmigo y con ustedes! Quiero que estén callados para que pueda tener la paz y la tranquilidad suficientes para ordenar mis sentimientos. ¿Pueden salir por algunos minutos, por favor?"), en general ellos se calmarán. Se sentirán cómodos con la verdad y la congruencia entre tus sentimientos y tus palabras.

Muchos padres piensan que deben proteger a sus hijos de la confusión paterna o de los así llamados sentimientos negativos. Piensan que ser un buen padre significa mantener cierto papel –ser siempre paciente, amoroso, sabio y fuerte. En realidad, los niños necesitan honestidad; necesitan ver un modelo de ser humano atravesando por todos los sentimientos y estados de ánimo que experimenta un ser humano, y necesitan sinceridad al respecto. Esto les da el permiso y el apoyo para amarse a sí mismos y para ser auténticos y sinceros.

Compartir tus sentimientos con tus hijos no significa que descargues tu enojo en ellos o que los culpes de tus problemas. Tampoco significa que se conviertan en tu pareja o tu terapeuta para que te ayuden con tus problemas. Entre más practiques expresar tus sentimientos de forma honesta sobre la marcha, es menos probable que incurras en estas cosas. Sin embargo, por el hecho de ser humano, es probable que descargues tu enojo sobre ellos de vez en cuando. Cuando te percates de esto, diles que te has dado cuenta de ello y que en verdad lo sientes, y entonces deja la cuestión. Todo forma parte de aprender a estar en una relación cercana.

Los niños también nos sirven como espejos al imitarnos desde muy pequeños. Somos su modelo de comportamiento, así que ellos se moldean con base en nosotros. Por lo tanto, ¡podemos observarlos para ver lo que estamos haciendo! Con frecuencia, los niños reflejan ya sea nuestros seres primarios (en las formas que son similares a nosotros), o nuestros seres negados (en las formas que son diferentes a nosotros). Cuando se comportan en formas que encontramos decepcionantes o desconcertantes, por lo general están actuando uno o más de nuestros seres negados —nuestro lado sombrío—. Por ejemplo, tengo una amiga que es una persona muy dulce, amorosa y pacifista convencida. Estaba horrorizada al descubrir que a su pequeño hijo le gustaba jugar con pistolas de juguete; ¡por supuesto, el niño estaba reflejando el lado agresivo que la madre había negado!

165

Cuando tu hijo hace algo que no te gusta, dile cómo te sientes al respecto y maneja la cuestión directamente, pero también pregúntate de qué manera ese comportamiento te está reflejando o de qué forma puedes estarlo procreando en tu propio proceso.

Por ejemplo, si tus hijos están ocultándote cosas y mantienen secretos, pregúntate si en realidad has sido abierto y honesto con ellos acerca de todos tus sentimientos. ¿Hay algo que estés ocultando a alguien o a ti mismo? ¿De alguna manera no estás confiando en ti y por lo tanto no confías en ellos? Si tus hijos se han estado comportando con rebeldía, examina tu relación entre el autoritario y el rebelde interiores. Si tu autoritario interno tiene mucho control sobre tu vida, tus hijos pueden estar actuando tu lado rebelde reprimido. O, de lo contrario, si has prohijado a tu rebelde mucho durante tu vida, tal vez te estén imitando.

Examina con detenimiento cómo estos problemas reflejan tu proceso interno. Si aprendes de tu experiencia y creces, también lo harán tus hijos. En el plano externo muchos de estos problemas pueden solucionarse al compartir con profundidad y sinceridad tus sentimientos y aprendiendo a ser agresivo, y al motivar a tus hijos a que hagan lo mismo. Puede darse el caso de que quieras el apoyo de un consejero profesional o un terapeuta familiar para que ayude a toda la familia a cambiar sus viejos esquemas.

He descubierto que para mucha gente el ser padres ha sido una excusa conveniente para no llevar a cabo su propio proceso de aprendizaje y crecimiento. Con frecuencia, los padres pasan la mayor parte de su tiempo concentrándose en sus hijos, intentando asegurar que los niños aprendan y crezcan de manera apropiada. Al hacerse responsables de las vidas de sus hijos, abandonan el responsabilizarse de sus propias vidas. Esto trae un resultado desafortunado que consiste en hacer sentir a los hijos, inconscientemente, que tienen que responsabilizarse de sus padres (porque los padres se están sacrificando por ellos). Los hijos pueden imitar el comportamiento de los padres al responsabilizarse por otras personas, o pueden rebelarse en contra de la presión de ajustarse a las expectativas de los padres al llevar a cabo lo contrario de lo que los padres quieren.

Los padres necesitan mover el foco de su responsabilidad desde sus hijos hasta ellos mismos, donde pertenece. Recuerda que los niños aprenden a través del ejemplo. Ellos se inclinarán a hacer lo que tú haces, no lo que tú les dices que hagan. Entre más aprendas a cuidarte a ti mismo y a llevar una vida feliz y satisfactoria, ellos harán lo mismo.

Esto no significa que debas abandonar o ignorar a tus hijos. Tampoco significa que les permitas hacer lo que ellos quieran. Estás en una profunda relación con ellos, y como en cualquier otra relación, supone muchos cuidados y mucha comunicación. Es importante que todos ustedes expresen sus sentimientos, hagan conocer sus necesidades, y establezcan límites claros. Además, tú has aceptado ciertas responsabilidades acerca de su bienestar material y financiero. Tienes el derecho de pedir su corresponsabilidad y cooperación en este proceso.

La clave está en tu actitud. Si en realidad concibes a tus hijos como entidades poderosas y responsables y los tratas como iguales a ti en el plano espiritual (reconociendo que tienen menos experiencia que tú en el plano de la forma), ellos te reflejarán esa actitud.

Desde el momento en que nacen, asume que ellos saben quiénes son y qué quieren, y que tienen opiniones y sentimientos válidos acerca de todo. Aun antes que puedan hablar, pregúntales acerca de sus sentimientos sobre las cosas que les conciernen y confía en tu intuición y en las señales que mandan para conocer sus respuestas. Por ejemplo, pregúntales si quieren ser incluidos en un paseo, o si prefieren quedarse en casa acompañados de una niñera. Confía en tus sentimientos acerca de la elección que están haciendo y procede de acuerdo a ella. Pon atención a las señales que mandan. Si los sacas a pasear y todo el tiempo lloran, la próxima vez procura dejarlos con la niñera.

A medida que crecen, continúa incluyéndolos en las decisiones y responsabilidades familiares. En la medida de lo posible, permíteles hacer sus propias decisiones acerca de sus vidas privadas. Esto significa que en algunas ocasiones tendrán que enfrentar las consecuencias de ciertas decisiones. Ofréceles tu amor, tu apoyo y tu consejo; pero deja bien claro que sus vidas son básicamente su responsabilidad. Asegúrate de establecer con claridad tus propios límites: qué es lo que está bien y qué no. Que tomen sus propias decisiones no significa que se aprovechen de ti. Sobre todo, intenta comunicarles tus sentimientos sinceros y pídeles que te permitan saber cómo se sienten. Casi todos los problemas familiares surgen por la falta de comunicación. Tus hijos no sabrán cómo comunicarse claramente si tú no sabes cómo.

Parece ser muy difícil para los padres dejar de vivir la vida de sus hijos y comenzar a vivir sus propias vidas. Para lograr esto, los padres deben de estar dispuestos a admitir qué tan dependientes son en realidad de sus hijos y qué tan asustados se sienten de dejar de aferrarse a ellos. Estos sentimientos en general están disfrazados por una proyección inversa: los padres se dirán a ellos mismos que sus hijos dependen de ellos y que no estarán bien si los padres comienzan a enfocarse a satisfacer sus necesidades.

He descubierto que esta es una cuestión falsa. La verdadera cuestión reside en los sentimientos paternos de dependencia respecto a los hijos, de los cuales por lo regular ¡ni siquiera están conscientes! Los niños son tan vitales y emocionantes, que los padres con frecuencia temen en secreto que sus vidas sin ellos serían aburridas y grises. O tal vez sólo tienen miedo de enfrentarse a ellos mismos. Una vez que han reconocido y aceptado estos sentimientos, empezarán a manejar el vacío, tanto de su interior como en sus vidas. Empezarán a buscar lo que quieren y cómo pueden satisfacerse a ellos mismos. Comenzarán a confiar en sus propios sentimientos viscerales y actuar de acuerdo con ellos.

A esta altura de las cosas, los niños en verdad comienzan a florecer. Finalmente han sido liberados de la tarea inconsciente de tratar de cuidar de sus padres; ¡han sido liberados para hacer que sus vidas valgan la pena! Los niños comienzan a hacer lo que en realidad necesitan para ellos. Ahora pueden convertirse en los canales que en verdad son.

Una pareja amiga mía tiene una hermosa hija. Desde antes que naciera, sus padres tenían conciencia de que la niña era un ser poderoso y que estaban en comunicación con ese ser. Yo estuve presente en el nacimiento que sucedió en el propio hogar; fue un hecho maravilloso. Unos minutos después de nacida, la estaba cargando y ella me miró directa y fuertemente a los ojos (había oído antes que los niños no pueden enfocar la vista a una edad tan tierna). Fue muy claro para mí que ella estaba totalmente consciente de lo que pasaba.

La bebé fue educada en una forma muy similar a la que he descrito. Siempre se ha ganado el respeto que se merece y se le ha tratado como una entidad altamente consciente. Como resultado, ahora es una niña extraordinaria. A cualquier parte que va, la gente nota su fuerte presencia. Se puede apreciar con facilidad que es un canal abierto para el universo.

Meditación

Ponte en una posición cómoda, relájate y cierra los ojos. Respira profundamente y trasládate a un profundo y apacible lugar de tu interior.

Imagina a tu hijo enfrente de ti. Míralo a los ojos y siente al poderoso ser que reside en su interior. Tómate algún tiempo en esta experiencia y recibe cualquier sentimiento, idea o impresión acerca de quién es tu hijo en realidad. Comunícate con él o ella con tus propias palabras, con tu respeto y tu aprecio. Imagina que tu hijo te comunica su respeto y su aprecio.

Si tienes más de un hijo, realiza esto con cada uno de ellos. Esta meditación sirve para abrir la comunicación y el amor entre tú y tus hijos, sin importar que ellos sean niños o adultos.

Ejercicio

Practica decirles la verdad a tus hijos y expresarles tus sentimientos con sinceridad, aunque te sientas vulnerable e incómodo por no tener el control. Pregúntales cómo se sienten acerca de las cosas y procura escuchar de verdad lo que tienen que decir. Si tienes la tentación de dar un consejo, primero pregunta si lo quieren escuchar. Si no lo desean, en su lugar exprésales tus *sentimientos*.

17. Trabajo y juego

Nuestra cultura está obsesionada con el logro y la productividad. Como resultado padecemos de una epidemia de adicción al trabajo en la que muchos de nosotros nos esforzamos más de lo que es necesario o saludable. Necesitamos aprender a descansar, cuidarnos y procurarnos a nosotros mismos y divertirnos. Algunas personas tienen la polaridad opuesta: saben cómo descansar y jugar, pero tienen dificultades para concentrarse y para trabajar lo suficiente para llevar a buen fin las cosas.

Cuando estás siguiendo a tu energía y haces lo que sientes que es lo correcto para ti, en todo momento, la distinción entre trabajo y juego tiende a desaparecer. El trabajo ya no es lo que *tienes* que hacer y el juego lo que *quieres* hacer. Cuando estás haciendo lo que más te gusta, puede ser que trabajes más y produzcas más que nunca, pero experimentarás tal alegría y placer en tu trabajo que en ocasiones lo sentirás como un juego.

Cada uno de nosotros tiene un propósito auténtico y es un canal único para el universo. Contribuimos con el mundo al ser nosotros mismos en todo momento. No se necesitan categorías rígidas en nuestras vidas: esto es trabajo y esto es juego. Todo se integra en un mismo fluir cuando se obedece al universo, y el dinero fluye como resultado de la creación de un canal receptivo. Ya no trabajas de forma exclusiva para hacer dinero. En cambio, el gusto que infieres por expresarte se convierte en la mayor recompensa. El dinero llega como una parte natural de estar vivo. Para algunos, trabajar y producir dinero ya no están directamente relacionados; puedes experimentar la sensación de que estás haciendo sólo aquello para lo que tienes energía; el dinero simplemente llega a tu vida. Ya no se trata de una cuestión de este tipo: "Si haces esto, conseguirás dinero por ello". Ambas cosas operan de manera simultánea en tu vida, pero no es forzoso que sea en una relación directa de causa y efecto.

En el mundo nuevo, es difícil identificar el trabajo y el verdadero propósito de la vida a una cosa específica. En términos de una carrera, nuestro concepto del mundo viejo a este respecto nos indica que cuando seamos adultos, tendremos que decidir cuál será nuestra carrera y en consecuencia obtener la educación necesaria o seguir los pasos que sean necesarios para lograr esa carrera. Entonces la carrera se perseguirá durante casi toda o toda nuestra vida.

En el mundo nuevo, muchos de nosotros somos canales para un número de cosas que se manifiestan juntas en combinaciones fascinantes. A la mejor no has encontrado todavía tu carrera porque todavía no existe. Tu particular y exclusiva forma de expresarte nunca antes ha existido y nunca se repetirá de nuevo. A medida que practicas seguir la energía en tu vida, ésta te puede conducir en muchas direcciones. Te puedes expresar en una variedad de áreas, las que comenzarán a sintetizarse en una forma sorprendente, interesante, nueva y creativa. Ya no podrás decir: "Soy un escritor (o un bombero, o un maestro o una ama de casa)". Tú puedes ser una combinación de todas esas cosas. Estarás haciendo lo que más te gusta, para lo que eres bueno, lo que te sale fácilmente y tiene un ingrediente de desafío y motivación. Hagas lo que hagas lo experimentarás como satisfactorio y te hará sentir realizado. Ya no se tratará de una cuestión de hacer las cosas en aras de una gratificación posterior: "Voy a trabajar mucho ahora para que pueda obtener un mejor trabajo después. Voy a trabajar mucho para que me pueda retirar y disfrutar de la vida. Voy a trabajar mucho para tener el suficiente dinero y tiempo para tener unas vacaciones en las que pueda divertirme." Lo que cuenta es la satisfacción de lo que estás haciendo en este mismo instante. Cuando eres un canal, todo lo que hagas se convierte en una contribución; inclusive las cosas más simples son significativas.

Es la energía del universo a través de nosotros la que transforma, no sólo las cosas específicas que hacemos. Cuando escribo un libro que tiene cierto impacto en la vida de un lector, es gracias a la energía del universo que se manifiesta a través de mí y se conecta con los niveles profundos de conciencia del lector. Las palabras y las ideas son el merengue del pastel. Son las cosas que permiten que nuestras mentes capten lo que ya ha sido transformado. No es tan importante que yo escriba un libro. Lo que es importante es que me exprese a mí misma, me abra por completo y permita que la energía creativa fluya a través de mí. Esa energía creativa está ahora penetrando a otras personas y cosas en el mundo. He tenido la alegría de sentir cómo se desplaza a través de mí y otras personas han tenido la alegría de recibir esa energía. Esta es la experiencia transformacional.

Ya sea que te encuentres lavando los trastes, tomando un paseo o construyendo una casa; si lo haces con la sensación de que estás donde quieres estar, esa plenitud y esa alegría inferidas de la experiencia se experimentarán por todos los que te rodean. Si tú estás construyendo una casa y alguien pasa por ahí y ve lo que haces, sentirá el impacto de la plenitud de tu experiencia. Su vida se transformará en el grado que esté listo para permitir el impacto de la energía. Aunque no sepa qué es lo que lo ha tocado, comenzará a experimentar la vida de manera diferente. Es lo mismo cuando tú te permites solamente ser. Si entras a una habitación, sintiéndote íntegro, y expresándote en la forma que sientes que es la correcta para ti, entonces todos los que estén en la habitación se verán afectados y catalizados en sus propios procesos de crecimiento. A pesar de que no lo reconozcan o no tengan idea consciente de ello, en ocasiones podrás ver los resultados de la función de tu canal. Podrás comprobar esto al observar los cambios en la gente. Se trata de una experiencia increíble, estimulante y satisfactoria.

Podrás notar que ya no se trata de enfocarse en una carrera de por vida. Algunas veces en tu vida, serás conducido a concentrarte y construir una estructura en un área particular del conocimiento o de la técnica. Puedes elegir aprender ciertas habilidades que utilizarás para permitir a tu canal funcionar de la forma en que quiere funcionar. Si haces esto, serás conducido de manera fácil y natural por la experiencia de aprendizaje. El proceso de aprendizaje será tan satisfactorio como el hacer propiamente algo. En otras palabras, ya no es necesario hacer sacrificios en este momento para que en el futuro puedas hacer lo que quieras. El proceso de aprendizaje puede ser divertido, alegre y estimulante. Lo experimentarás al hacer exactamente lo que quieres estar haciendo en este momento. Practicar, aprender habilidades, asistir a la escuela; todo esto puede ser divertido y satisfactorio cuando estás obedeciendo a tu guía intuitiva.

El trabajo que realices como resultado de esto será también una experiencia de aprendizaje. Por ejemplo, yo conduzco talleres, no porque maneje a la perfección la información y sea una experta, sino porque me encanta compartirme de esta manera. El compartir profundiza mi experiencia de aprendizaje. De nueva cuenta, no hay una frontera bien delimitada entre aprender y enseñar, como no hay barrera entre el trabajo y el juego. Todo comienza a mezclarse y tejerse en una experiencia integrada y equilibrada.

La mayoría de la gente tiene una idea, al menos muy en su interior, de lo que les gustaría hacer. Sin embargo, con frecuencia este sentimiento está tan reprimido que se experimenta tan sólo como una fantasía sumamente impráctica, como algo que jamás podrás hacerse. Siempre animo a la gente para que se conecte con estas fantasías. Examina y explora con detenimiento tus más increíbles fantasías sobre cómo quieres ser y qué te gustaría estar haciendo. Hay algo de verdad en estos deseos. Aunque parezcan imposibles, hay al menos un grano de verdad en esta imagen. Ella te está indicando alguna parte de ti que quiere ser expresada.

Tus fantasías te pueden decir mucho acerca de ti. Muchas veces, he descubierto que la gente tiene una fuerte idea de lo que le gustaría hacer, y sin embargo acomete una carrera que es muy diferente a sus deseos. Algunas veces se dirigen a lo opuesto ya que sienten que es práctico o que obtendrán la aprobación de sus padres o del mundo. Se imaginan que es imposible hacer lo que en realidad quieren, así que mejor se conforman con cualquier cosa que venga. Yo apoyo a la gente para que explore las cosas que en realidad la motivan. Los siguientes ejemplos provienen de gente con la que he trabajado y que ha explorado sus propósitos auténticos:

1. Conozco a una talentosa y brillante mujer que ha estado trabajando por muchos años con gente enferma y moribunda. A pesar de que era una gran enfermera y una poderosa sanadora, se le hizo evidente que necesitaba estar en donde pudiese expresarse más creativamente. Estimulada, comenzó a trabajar menos días como enfermera y empezó a conducir talleres y a aconsejar a otras personas. Gracias a que está haciendo esto, se siente más satisfecha y los que la rodean también sienten satisfacción.

2. José era un hombre joven en sus primeros veinte años. Continuando con la tradición familiar, se involucró en negocios con su padre y hermanos. Era muy exitoso en los bienes raíces y como contratista. El problema era que sabía que había algo más que quería hacer con su vida. Después de mucha motivación de parte de los asistentes a uno de mis talleres, admitió que quería trabajar en las artes, pero sabía que su familia desaprobaría su idea. Lo que más quería era ser bailarín. El primer paso consistió en admitir para sí mismo lo que quería hacer. Al final, cobró fuerzas para tomar clases de danza. Tenía mucho talento y de in-

175

mediato atrajo la atención del maestro. Continuó explorando esta forma de expresión artística. Cuando apoyó sus deseos, descubrió que su familia lo apoyaba de la misma manera.

3. Una amiga muy cercana a mí tenía tres hijos, no tenía educación universitaria y vivía de la asistencia pública. Su deseo era trabajar en algún negocio. Intuitivamente sentía que iba a manejar grandes cantidades de dinero; pero tomando en cuenta su situación, esta idea no tenía sentido. No obstante, decidió explorar algunas posibilidades en el distrito financiero de la ciudad de San Francisco. De inmediato la contrataron como recepcionista; después fue ascendida a asistente administrativa y continuó escalando hacia posiciones de mayores habilidades y responsabilidades. Al final logró su meta: convertirse en una corredora de acciones. Le encanta lo que hace y sus hijos también están floreciendo.

4. Una mujer que asistió hace poco a uno de mis talleres dijo que había sido una pianista talentosa con esperanzas de hacerse en concertista. Después, por diferentes razones, entre las que predominaba su falta de fe en ella misma, abandonó su sueño. Comenzó a trabajar en una oficina y descubrió que entre el trabajo y sus hijos le quedaba muy poco tiempo para la música. Después de que habían transcurrido quince años, sentía que simplemente era demasiado tarde para retomar el piano. Sentía que el tiempo que no había practicado hacía imposible cualquier oportunidad de ser buena concertista. A pesar de todas sus dudas, la animamos para que al menos volviera a tocar. Le aseguré que si hacía lo que quería, le sería fácil hacerlo. A medida que se abría a esta idea, comenzó a abrirse a sí misma. Su sensación de desesperanza fue reemplazada por un renovado sentido de poder. Me telefoneó después para decirme que había estado tocando y que se sentía muy bien por ello. Un amigo le pidió que tocara como acompañamiento de un coro y estaba muy emocionada acerca de las posibilidades musicales que se le presentaban.

Meditación

Siéntate o recuéstate en una posición cómoda. Cierra los ojos y relájate. Respira profundamente, relajando tu cuerpo cada vez más con cada respiración. Respira algunas veces más y relaja tu mente. Libera y relaja toda la tensión de tu cuerpo. Si así lo quieres, imagina que tu cuerpo está casi hundiéndose en el piso, cama o silla donde te encuentras.

Desde este espacio interior de relajación, imagina que estás haciendo exactamente lo que quieres hacer en tu vida. Tienes una fabulosa carrera que es divertida y satisfactoria para ti. Ahora estás haciendo lo que siempre habías fantaseado y te pagan bien por ello.

Te sientes relajado, energetizado, creativo y poderoso. Tienes éxito en lo que haces porque es exactamente lo que quieres estar haciendo.

Sigues y obedeces a tu intuición en todo momento, y por ello eres recompensado con amplitud.

Ejercicios

1. Obedece cualquier impulso que tengas y que se dirija hacia tus auténticos deseos de trabajo, juego o creatividad. Aun cuando parezca totalmente irreal, obedece tu impulso. Por ejemplo, si tienes sesenta y cinco años de edad y siempre has querido ser un bailarín de ballet; asiste a una clase de ballet y obsérvala; o si lo deseas inscríbete en una clase para principiantes. Asiste a algunas funciones de ballet e imagina que eres un bailarín. Cuando estés solo en casa, pon un poco de música y baila. Esto te pondrá en contacto con la parte de ti que quiere ser expresada en esa forma. Puedes terminar bailando más de lo que pensabas que era posible, y te puede conducir a otras formas de expresión con las que te sientas bien.

2. Enlista todas las fantasías que tengas acerca del trabajo, la carrera o la creatividad; a un lado enlista las acciones que planeas tomar para explorar esto.

3. Escribe una "escena ideal": una descripción del trabajo o de la carrera perfectos, exactamente como qui-

sieras que fuera. Escríbela en tiempo presente, como si ya fuera realidad. Incluye los detalles y la descripción suficientes para que parezca lo más real posible. Guárdala en algún lugar y examínala en unos meses o en un par de años. A menos que tu fantasía haya cambiado por completo en este lapso, hay muchas posibilidades de que hayas hecho progresos significativos en la dirección de tu sueño.

18. Dinero

El dinero es un símbolo de nuestra energía creativa. Hemos inventado un sistema en el que utilizamos pedazos de papel o metal para representar cierta unidad de energía creativa. Por ejemplo, tú ganas dinero al utilizar tu energía, intercambias ese dinero conmigo por la energía que invierto al escribir un libro o al conducir un taller, y así en adelante. Gracias a que la energía creativa del universo es ilimitada y está disponible en todos nosotros, es dinero potencial. Cuando obedecemos a nuestra guía interior y nos movemos con el flujo de energía en nuestras vidas, nos percatamos que tenemos el dinero suficiente para hacer las cosas que en verdad necesitamos y queremos hacer. Las limitaciones monetarias con frecuencia reflejan el hecho de que nuestra energía está bloqueada en otras formas.

Tu habilidad para ganar y gastar dinero abundante y sabiamente está basada en tu habilidad para ser un canal para el universo. Entre más fuerte y amplio sea tu canal, más cosas fluirán a través de él. Entre más estés dispuesto a confiar en ti, y te arriesgues a seguir a tu guía interna, más probabilidades habrá de que tengas el dinero que necesitas. ¡El universo te pagará por ser tú mismo y por hacer lo que en realidad te gusta!

El dinero en el mundo viejo

El mundo viejo se basa en nuestro apego al mundo físico externo. Buscamos que las cosas externas nos den satisfacción porque pensamos que la sobrevivencia depende de la capacidad para conseguir cosas; podemos creer que la realización puede encontrarse en la bonanza material.

En el mundo viejo, puedes desarrollar una fuerte estructura financiera y ganar mucho dinero aprendiendo a actuar con eficacia en el mundo (se trata de la vieja energía masculina). Sin embargo, debido a que tus acciones no se basan en la guía del universo que se manifiesta a través de tu femenino interior, desarrollar tu estructura financiera frecuentemente supondrá miedos, competencia y lucha, y pagarás un alto precio por el dinero. Puedes ganar dinero, pero descubrirás que el dinero te manda. Piensas que el dinero por sí mismo es importante: "Si tengo el suficiente dinero, puedo hacer estas cosas y entonces seré feliz," o "si tengo suficiente dinero, me sentiré bien conmigo y seré feliz", o "les gustaré a otras personas si tengo suficiente dinero y eso me hará feliz". Desde este punto de vista el dinero es visto como lo importante, pero mientras sea valorado de esta manera, el dinero siempre será un problema.

Si tienes poco dinero, siempre estarás luchando por conseguir más y siempre tendrás miedo de que no haya lo suficiente. Siempre hay ese terrible dolor de que no tienes lo suficiente para lo que necesitas. Por otro lado, desde esta perspectiva, aunque tengas mucho dinero, es doloroso porque temes perderlo. Nunca tendrás el suficiente dinero para asegurar que no tendrás miedo.

Muchas veces la gente que tiene poco dinero se da cuenta de que las personas que sí tienen mucho dinero también están temerosas. Se sienten inseguros porque nunca saben si perderán su dinero. Pueden surgir circunstancias fuera de su control: pueden hacer una inversión equivocada o alguien les puede robar el dinero. Si la seguridad se basa en el hecho de tener dinero, no importa si tienes poco o mucho, siempre estarás asustado.

Si no nos damos cuenta de que el dinero es un símbolo de energía infinita, y pensamos que sólo hay una cantidad limitada de dinero en el mundo, no nos quedan más que dos opciones: podemos elegir tener mucho dinero sintiéndonos culpables, o podemos elegir andar sin dinero y resentirnos con los que tienen más que nosotros. Si eliges tener dinero, vivirás con la certeza de que otros tienen menos que tú. Puedes temer que el hecho de que tú tengas más ocasiona que otros tengan menos. Puedes elegir enfrentar la culpa tratando de despreciar o ignorar ese sentimiento, o puedes elegir aliviar tu conciencia al tratar de ayudar a aquéllos que son menos afortunados.

Por otra parte, puedes elegir decir algo así: "No voy a cargar con esa culpa. No tomaré más de lo que me corresponde. De cualquier manera no me importa el dinero. Por lo tanto, mantendré lo que tengo al mínimo. Me aseguraré de no tomar lo que le corresponde más a otro". El problema con esta actitud es que a la larga puedes sentirte necesitado. Verás todas las maravillosas y hermosas cosas que hay en el mundo que te gustaría tener y disfrutar, pero no puedes. Verás a las personas que tienen más de lo que les corresponde y tendrás resentimientos hacia ellas. En este esquema del mundo viejo, básicamente debemos elegir entre la culpa o el resentimiento.

La estructura del mundo viejo nos demanda que hagamos cosas que están más allá de nuestra fuerza, en lugar de permitir que el universo lo haga. Pensamos que tenemos que trabajar muy duro para conseguir lo que deseamos. La ética del trabajo indica: "Mucho trabajo, sacrificio y lucha". La mayoría de nosotros tenemos tan internalizado esto que no nos permitimos ser financieramente, o en cualquier forma, exitosos, si no es a través de mucho trabajo, de sacrificio y de lucha. Si estás teniendo éxito y dinero, también estás pagando un precio emocional, y con mucha frecuencia, físico. Muchas veces la gente llega al punto de la enfermedad o de la muerte. Luchan y se sacrifican emocionalmente, y al final, a pesar de que han alcanzado el éxito terrenal, todavía se sienten necesitados y vacíos.

La gente se rehúsa por completo a buscar dinero. "Mira a lo que conduce: lucha, sacrificio, dolor y carencias, así que sencillamente no lo voy a enfrentar. Mi vida la iré pasando con la cantidad mínima de dinero." En muchas ocasiones, la gente más sensible y espiritual elige este camino para poder concentrarse más en cosas más "significativas". El problema está en que en realidad te estás privando de manejar una de las cosas más motivantes y bellas de la vida. Si estás despreciando el dinero, también estás negando una parte considerable de la energía del universo y niegas también la forma en que funciona el mundo. La gente que elige el camino del desprecio del dinero por lo regular no sabe cómo manejarlo y se rehúsa a aprender cualquier cosa que tenga que ver con esto.

El dinero en el mundo nuevo

El mundo nuevo está fundamentado en la confianza del universo en nuestro interior. Aceptamos que la inteligencia creativa y la energía del universo son la fuente básica de todo. Una vez que nos conectamos y entregamos a ella, todo nos pertenece. El vacío se llena desde el interior.

Nos damos cuenta de que el dinero es un reflejo de la energía que se traslada a través de nuestro canal. *Entre más aprendamos a funcionar en el mundo confiando en nuestra intuición, más fuerte será nuestro canal y probablemente tendremos más dinero.* La cantidad de dinero en la vida depende de nuestra habilidad para escuchar a nuestra guía interior y para arriesgarnos a actuar de acuerdo con ella. Cuando desistes de controlar y aprendes a escuchar al universo y actúas de acuerdo con él, el dinero entra en tu vida de manera creciente. El dinero fluye fácil, sin esfuerzos y con alegría porque esto no involucra ningún sacrificio. Ya no estás aferrado a él. En cambio, puedes experimentar la felicidad de aprender cómo seguir a la energía del universo. El dinero es un bono extra en este proceso.

Sabes que el dinero no es en realidad tuyo; pertenece al universo. Tú tomas el papel de un vigilante o escolta del dinero. Lo utilizas sólo de la forma en que te es indicado por el universo, a través de tu intuición. No existe el miedo de perderlo porque siempre estás siendo cuidadoso. El dinero puede ir y venir, pero no puedes perder la alegría y la satisfacción que están en tu vida. Cuando te sientes así de seguro y libre, con frecuencia atraes más y más dinero, por lo que constantemente eres empujado a profundizar en tu intuición a niveles más intensos con mejores intereses. Por último, como canales, muchos de nosotros seremos llamados para manejar grandes cantidades de dinero desde este lugar de entrega y compromiso con el poder superior. Ésta es una de las formas en que el poder del universo puede actuar efectivamente para transformar al mundo.

Activo y receptivo

Existen aspectos activos y receptivos en el proceso de canalizar dinero, como en cualquier otro proceso creativo. La forma masculina o activa de hacer dinero consiste en salir a conseguir algo. Ves algo que quieres y vas detrás de él. La forma femenina o receptiva de hacer dinero consiste en atraer hacia ti lo que quieres.

Debemos estar capacitados para realizar ambas formas. Necesitamos liberar la energía extrovertida que quiere dirigirse hacia cierto objetivo y arriesgarnos a actuar sin miedo, de acuerdo con esto. También necesitamos practicar cuidarnos a nosotros mismos, apreciándonos, y conectándonos con nuestros seres interiores para que así podamos atraer y recibir lo que deseamos. Muchas personas han desarrollado un aspecto o el otro. Ya sea que sepan cómo conseguir las cosas, pero tienen dificultades para atraerlas hacia sí, o saben cómo atraer las cosas pero tienen miedo de ir tras ellas. Con frecuencia es necesario un proceso de equilibrio. Puede ser que necesites aprender a recibir los dones, el aprecio, el amor y la energía que llegan a ti. O puedes necesitar practicar trasladar tu energía hacia el mundo, que sigue fluyendo a través de tu canal. De esta manera, la energía no se bloquea en ninguno de los orificios.

183

Esto significa, en el plano práctico, que debes estar dispuesto a tomar algunos riesgos en el área del trabajo y del dinero. Si haces sólo lo que piensas que *debes* hacer para tener dinero y seguridad, entonces no estarás escuchando a tu voz intuitiva que te indica lo que en realidad *necesitas* hacer.

Esto puede producirte mucho temor acerca de tu trabajo y de tu dinero. Muchas veces la gente quiere saber: "¿Qué debo hacer si mi intuición me indica que no vaya a trabajar un día? ¿Qué hago entonces? ¿Perderé mi trabajo?" Si tomarte un día libre parece ser muy arriesgado, puede que todavía no sea la mejor opción para ti. En un principio, puedes necesitar fortalecer tu canal obedeciendo a tus impulsos en menor escala. Puedes reportarte a tu trabajo y tomar solo medio día o planear un fin de semana de tres días. Sin embargo, un día puedes despertar y saber que "no quiero ir al trabajo hoy", y llevarás a cabo esto y te sentirás bien por ello. Por lo regular, cuando mi interior me indica que tome tiempo libre, significa que necesito cuidarme, necesito paz y tranquilidad, necesito espacio creativo para realizarme, o tiempo para simplemente sentir viejos sentimientos que bullen en mi interior, sentimientos que necesitan ser sentidos y liberados.

Si te arriesgas a seguir tu impulso, descubrirás, tal vez en el transcurso de unas horas o algunos días después, que tu energía se renueva. Podrás retomar y llevar a buen fin lo que sé necesite hacer en una cuarta parte del tiempo que supone toma la tarea. Lo podrás hacer en forma más inspirada y creativa. Cualquier cosa puede suceder si te arriesgas y confías en ti. Si estás en casa, puedes recibir una llamada de alguien que te ofrece un mejor trabajo que paga mucho más dinero (esto le pasó a un amigo mío). Puedes tener una inspiración creativa que te abrirá las puertas a una oportunidad divertida y próspera; o puedes tener la necesidad de visitar a alguien que te conduzca hacia una gran aventura. No obstante, si odias tu trabajo, la energía que inviertes no regresará. De igual forma, y debido a que tu energía creativa auténtica está bloqueada, continuarás sintiéndote bloqueado en el plano económico. Al final, y con muchas probabilidades, abandonarás tu trabajo porque no te puedes quedar en un lugar así por mucho tiempo más.

Fundamentalmente, toda la cuestión monetaria radica en hacer lo que en verdad quieres hacer, tanto tiempo como sea posible. El universo te recompensará por tomar riesgos en su beneficio. No obstante, es importante que los riesgos que tomes sean proporcionales al nivel de la estructura que estás construyendo. En otras palabras, si apenas estás aprendiendo a confiar y a seguir a tu intuición, es posible que no quieras hacer un negocio de un millón de dólares basado en una sensación visceral. Probablemente no querrás saltar al vacío desde lo alto de un edificio, con la esperanza de que puedas volar. Es importante que desarrolles primero cosas pequeñas. Practica obedecer a tu intuición en cosas cotidianas. Di que no, aunque te sientas presionado a decir que sí. Haz aquello que quieres hacer aunque no sepas por qué. Hazlo de acuerdo a tu impulso. Haz esa llamada telefónica. Inscríbete en esa clase. Piensa en las cosas que te encanta hacer, y hazlas. Esto te fortalecerá de tal manera que puedas hacer grandes avances.

Equilibrio

Una vez que has comprendido el proceso básico para aprender a seguir tu intuición y a actuar de acuerdo con ella, ya has hecho el trabajo previo para canalizar dinero. Pero hay otros aspectos que necesitas conocer para relacionarte mejor con el dinero.

El equilibrio es una cualidad importante que debes fomentar para desarrollar la estructura de tu canal. Si te has ido hasta el extremo de una dirección, tendrás que dirigirte al otro extremo en la dirección contraria para integrar y equilibrar los dos aspectos de cada cuestión. Por ejemplo, si has sido muy descuidado con el dinero, o has negado la existencia e importancia del dinero en tu vida, tal vez necesites desarrollar estructuras específicas relacionadas con el dinero. Esto incluye: aprender a llevar al día tu chequera y tu dinero para gastos; y comprender las reglas que norman el funcionamiento del dinero en el mundo. Descubrirás que estas prácticas son interesantes, inclusive fascinantes. Ya no serán cuestiones que te alejen del espíritu; te abrirán nuevas formas para que el espíritu fluya a través tuyo.

La gente que entiende poco acerca de dinero, con regularidad evita las estructuras en un nivel o en otro, porque sienten que las reglas, los reglamentos y los detalles les impedirán experimentar la magia de la vida. Tienen miedo de invertir todo su tiempo en su mente racional, en lugar de seguir su flujo. Si tienes este miedo, conéctate y solicita ayuda al universo. Tienes deseos de hacer esto en una forma que te haga sentir bien. Tal vez sea de utilidad contratar a alguien que te enseñe a organizar tus finanzas. No tiene por qué ser un proceso doloroso. Descubrirás que para tu vida puede ser algo fortificante y estimulante, en oposición a doloroso y aburrido.

Aquéllos que han desarrollado mucho una estructura para trabajar con dinero en el mundo, tal vez necesiten relajar y dejar libre esa estructura. Es tiempo de desobedecer a tus reglas y permitir que el aspecto inspirado del espíritu del dinero trabaje en tu vida. Confía en tu intuición para que ella te guíe, y toma más riesgos para hacer las cosas de una manera diferente a la usual.

De manera similar, si has sido una persona que ha ahorrado su dinero y has sido muy cuidadoso con tus gastos, necesitas aprender a gastarlo más impulsivamente con base en tu intuición. Gasta sobre la base de una sensación visceral de querer algo. Aprende a obedecer a estos impulsos y encontrarás que no acabas en la bancarrota. De hecho, esta actitud crea en realidad un mayor flujo de dinero en tu vida. Estás así capacitado para dejarlo ir basado en tu intuición.

Si has sido un manirroto y siempre gastas más de lo que tienes, es probable que necesites planear y presupuestar mejor. De nueva cuenta, hazlo de acuerdo con un sentimiento interior. Si estás abierto a esta clase de sentimientos, tu intuición te indicará: "Oye, aprende algo sobre planeación. Aprende algo sobre presupuestos." Esto te motivará y te ayudará. No te hará sentir restringido. Si obedeces a tu intuición a este respecto, serás conducido a personas que puedan enseñarte cómo lo puedes hacer, y será un proceso interesante. De nuevo, esto fortalecerá tu canal.*

Atención

Otra cuestión importante que necesitas saber acerca de la forma en que funciona el dinero es que éste fluirá hacia ti a través de la forma que hayas desarrollado en tu vida para recibirlo. Gracias a que es energía, se sentirá atraído hacia lo que necesitas, quieres o imaginas. Si siempre te has manejado con el dinero en el nivel de la sobrevivencia, teniendo solamente el dinero suficiente para cubrir tus necesidades básicas, ese será el lugar a donde se dirija tu dinero. Si comienzas a atraer más dinero a tu vida, puedes tener la tendencia de incrementar tus necesidades básicas y aún así sólo tendrás lo suficiente para sobrevivir.

Esto es lo que me sucedía a mí durante mucho tiempo. Tenía un programa fundamental que decía: "Sólo puedo tener la cantidad de dinero que necesito. No está bien tener más de lo que necesito." En consecuencia, inventé más necesidades, y algunas de ellas no eran particularmente satisfactorias. Cuando mi carro se descomponía, tenía que pagar composturas caras, o mi gato enfermaba y debía pagar los altos honorarios del veterinario. Cualquier dinero extra que me caía se canalizaba a una emergencia o a una necesidad básica. En esta etapa no había ningún dinero extra para diversiones o juegos creativos o para un lujo mayor al acostumbrado.

---

* Si tienes problemas monetarios crónicos y serios, te recomiendo que busques la ayuda de Deudores Anónimos, sobre todo uno de los programas de los doce pasos.)

Me di cuenta que tenía que formular un presupuesto que incluyera lo que quería y también lo que necesitaba. Comencé en un nivel muy razonable: "Me gustaría comprar al mes, por lo menos, una prenda de ropa que sea divertida o más lujosa. También quiero hacer alguna actividad que sea divertida." Incluía esto en mi presupuesto y el dinero necesario fluía. Ese es el poder de presupuestar. Un presupuesto es como un plan detallado. Si elaboras una lista, una imagen mental de lo que quieres tener en tu vida, generarás el dinero necesario para eso. Puedes ir expandiéndote paso a paso.

Mi historia con el dinero

Durante la mayor parte de mi vida adulta tuve muy poco dinero. Nunca le puse mucha atención al dinero; no estaba particularmente interesada en él. En esencia, hacía lo que fuera necesario para pagar mi renta y mis cuentas, pero invertía la mayor parte de mi tiempo y de mi atención en mi educación y en la búsqueda de mi conciencia y de mi expansión creativa.

Siempre hice lo que fuera para conseguir el dinero: diferentes proyectos, trabajo doméstico, tareas esporádicas, inclusive mi propio negocio. Solo en una ocasión en toda mi vida tuve un trabajo con horario fijo de nueve a cinco, ¡durante seis meses!

Estaba acostumbrada a vivir en el límite sin tener muchas idea de dónde provenía mi dinero. En ese entonces, aprendí a confiar en el hecho de que de alguna manera el dinero estaría ahí. Algunas veces, me quedaba con mi último dólar y entonces, de una manera o de otra, recibía más dinero. Siempre se me cuidaba en este sentido.

Después, poco a poco, comencé a usar este proceso cada vez más, aprendiendo a confiar en mi intuición y actuar de acuerdo a ella, aprendiendo a escuchar a mi guía interior y arriesgándome a salir al mundo, desarrollé una carrera aconsejando personas, conduciendo talleres, escribiendo y publicando libros. A medida que seguía mi pasión, empecé a ganar más dinero y a llevar un estilo de vida más abundante. Así continué hasta el punto en que estaba obteniendo un buen ingreso y vivía en un hermoso departamento, haciendo la mayoría de las cosas que quería hacer. Llegué a contar con esa cantidad de dinero, a pesar de que no se trataba de un ingreso asegurado. Todavía subsistía de mes a mes, pero el dinero parecía que siempre seguía fluyendo. Constantemente afirmaba mi confianza en el universo para que éste me cuidara, y procuraba seguir su guía.

Pero llegó la ocasión en que, de repente, no tenía nada. Se sucedieron algunas cosas imprevistas y me quedé desfalcada. Pagué mi renta y mis deudas, vi mi chequera y no quedaba nada en ella. No tenía ahorros u otros recursos con los cuales apoyarme. Se trataba de una experiencia muy alarmante porque para entonces, me había acostumbrado a tener cierta cantidad de dinero.

Lo que me sorprendía de esta experiencia era que sólo tuve cinco minutos de miedo. Pensé: "Dios mío, ¿qué voy a hacer?" Después me sentí totalmente tranquila. Era indispensable que tuviera esos cinco minutos de miedo y después era como si no hubiera más temores acerca del dinero. Sabía que iba a estar bien.

Un punto clave de esta cuestión es que yo sabía que estaba dispuesta a hacer lo que el universo me indicara. Recuerdo que pensaba: "Bueno, me encanta mi apartamento, pero puedo dejarlo. Me encantan las cosas que tengo, pero puedo dejarlas. Si el universo quiere que viva en una tienda en el jardín trasero de la casa de alguien, así lo haré. Es probable que sea maravilloso."

Tenía un increíble sentimiento de confianza y certeza de que ninguna de las cosas que pudiera perder era importante. Hiciera lo que hiciera después, a pesar de que tal vez fuera totalmente diferente, también sería maravilloso. Yo sería cuidada y protegida.

No era el caso de una intelectual que sabía, porque *intelectualmente* manejé esto durante mucho tiempo. Haber vivido esos cinco minutos de miedo me dejó con un sentimiento temerario, sin miedo alguno. Sabía que estaba bien en el plano emocional. Fue una experiencia muy profunda.

Terminé por reducir un poco mis gastos y mi estilo de vida. Sentí esto como adecuado y no me sentía para nada como menesterosa. De hecho, fue una buena disciplina por algún tiempo. Se me proveía con todo lo que necesitaba. Llegó el dinero necesario para cubrir mis gastos y tuve una sensación de alivio. Supe que debía ajustarme al nivel de ingreso que mi forma podía manejar en ese momento. Ya no me encontraba en ningún sentido más allá de mis posibilidades y desde entonces, fue como si hubiese descendido a la tierra y estuviese construyendo sobre cimientos sólidos. En ese momento, sentí que estaba parada sobre una base firme, de confianza en el universo. Desde entonces, supe que la cantidad de dinero en mi vida seguiría creciendo y que nunca volvería a carecer de él.

Después de esto, hubo un creciente flujo de dinero en mi vida. Me coloqué en un nuevo nivel de negocios y finanzas que no había manejado con anterioridad. Me había hecho realmente buena en aprender cómo seguir al universo en un nivel, pero el nuevo desafío consistía para aprender a confiar en un nivel más amplio donde las exigencias eran mayores.

Al confrontar este nuevo nivel de prosperidad, en un principio me sentí más bien ignorante e inútil. Sabía que necesitaba ayuda, así que le solicite al universo que me enviara a las personas adecuadas para que me enseñaran y me guiaran en esta área. Después de entrevistar a cierto número de asesores financieros, fui dirigida a un contador y a un administrador de empresas quienes eran perfectos para mí y que me ayudaron a aprender lo que necesitaba saber.

Como mucha gente, descubrí que en la medida que crecía mi ingreso, ¡ mis gastos y responsabilidades parecían crecer al mismo ritmo! Curiosamente, parece que también funciona de la forma inversa; siempre he producido el dinero que necesito para mantener el estilo de vida que he creado. Algunas veces, cuando enfrento un gasto grande e inesperado, me imagino cómo se va a solucionar. Siempre se soluciona, de una manera o de otra, con frecuencia en forma sorpresiva e inesperada.

Constantemente parece como si un poder superior dentro de mí estuviera vigilándome e hiciera que todo funcionara. Mi tarea consiste en continuar aprendiendo más en el nivel práctico acerca de la administración de mi negocio y de mi situación financiera, y a la vez continuar haciendo mi trabajo interno de aprender a no forzarme más de la cuenta, y a relajarme y recibir con más facilidad. Entre más equilibrio logro, más suavemente fluye el dinero en mi vida.

A continuación relato una maravillosa historia que ilustra la forma milagrosa en que el universo trabaja cuando confiamos y obedecemos a nuestra intuición. En la edición original de *Viviendo en la luz*, escribí acerca de la posibilidad de comprar una propiedad en Hawaii porque tenía la fuerte sensación intuitiva de que era lo correcto. Lógicamente, no tenía ningún sentido, y mis asesores financieros no estaban a favor de esto. Sin embargo, continué con la idea porque me parecía lo correcto. Un factor que influyó en esta decisión fue que esta preciosa tierra estaba a punto de ser comprada por un contratista explotador y sin escrúpulos. Cuando escribí el libro, no tenía la seguridad de qué pasaría después, pero me sentía muy fortificada por confiar en mí misma de esa forma.

Después hubo muchos momentos en que dudé sobre esta decisión. Quería hacer una casa y un centro de retiro en Hawaii, pero pronto me di cuenta de que este terreno no era lo suficientemente grande. También, este terreno estaba en Maui y yo sentía con mucha fuerza que tenía que estar en Kauai. Al final decidí vender esta propiedad. Tomó mucho tiempo venderla, y significó una moderada pérdida económica para mí. Debido a que la venta fue manejada por un corredor de bienes raíces, no conocí a los compradores de la propiedad. Tomé nota de toda la cuestión como una experiencia de aprendizaje y finalmente compré la propiedad que en realidad quería en Kauai (donde todavía vivo).

Unos años después, mi madre, quien vive en Maui, conoció a los dos hombres que habían comprado mi propiedad. Le contaron esta impresionante historia:

Ellos habían estado viviendo en Los Ángeles, trabajando mucho y anhelando la gran oportunidad de sus vidas. Leyeron mi libro *Visualización creativa* y decidieron mudarse a Hawaii. Comenzaron a visualizar la propiedad ideal que les gustaría encontrar ahí, y obtuvieron imágenes y sensaciones muy reales al respecto.

Viajaron a Maui y examinaron muchas propiedades, pero ninguna era la indicada. Justo cuando iban a partir, fueron a ver una última propiedad, ¡y era igual a como se la habían imaginado! Alguien más había hecho una oferta por la propiedad, pero finalmente ésta no prosperó y ellos pudieron comprarla. ¡Sólo cuando estaban firmando los contratos se dieron cuenta que estaban comprando mi propiedad!

Luego nos hicimos amigos. Desarrollaron la propiedad de una forma maravillosa, construyendo una encantadora granja de flores y una posada; y han vivido ahí felizmente durante muchos años. Ahora siento que fui guiada para comprar esa propiedad para asegurar que cayera en manos de gente que estaba destinada a cuidarla. Perdí algún dinero, pero obtuve una enorme satisfacción.

Meditación

Siéntate o recuéstate en una posición que te sea cómoda. Cierra los ojos y comienza a respirar de forma fácil y natural. Con cada respiración, te relajas más profundamente.

Comienza a notar cómo te sientes. ¿Cómo te sientes emocionalmente? ¿Cómo sientes tu cuerpo? Date cuenta de la energía en tu cuerpo. ¿Cómo la experimentas? Obsérvate a ti mismo, cómo tomas más energía con cada respiración. Estás energetizado y vivo.

Comienza a visualizar esta energía como dinero. A medida que te abres a tu propia energía, te abres a la abundancia.

Imagina que tienes todo el dinero que necesitas para hacer las cosas que son importantes para ti, y creas un estilo de vida que es armonioso contigo y con la tierra.

Ejercicio

La falta de dinero puede estar reflejando la energía bloqueada en ti. Escribe todas las formas en que limitas tus deseos y creatividad. ¿De qué forma no estás haciendo lo que quieres hacer?

Algunos ejemplos al respecto son:

1. Estoy haciendo trabajo administrativo en una oficina cuando en realidad quisiera estar trabajando con niños.

2. Quiero meditar, pero nunca hay tiempo.

3. Quisiera explorar mi vena artística, pero no tengo tiempo, tengo que ganarme la vida.

4. Le quiero decir a mi mamá (amigo, pareja) cómo me siento, pero tengo miedo de herirlo(a).

Ahora imagínate haciendo exactamente lo que quieres hacer en cada una de estas áreas.

19. Salud

Nuestro cuerpo es nuestra creación principal, el vehículo que hemos elegido para expresarnos en el mundo físico. Al observar a nuestro cuerpo, al escucharlo y al sentirlo podemos leer mucho acerca de nuestros esquemas energéticos espiritual, mental y emocional. El cuerpo es un mecanismo de retroalimentación que puede mostrarnos lo que funciona y lo que no funciona en nuestra forma de pensar, de expresarnos y de vivir.

Cualquier niño normal, que tiene un medio ambiente más o menos positivo, tiene un bello y vivaz cuerpo, lleno de vitalidad. Esa belleza, esa energía y esa vitalidad son sólo la energía natural del universo fluyendo con libertad a través de él, ya que no está obstaculizada por hábitos negativos. Los niños pequeños que viven en un medio motivador son seres totalmente espontáneos. Comen cuando tienen hambre, se duermen cuando están cansados y expresan con exactitud lo que sienten. Por lo tanto, su energía no se bloquea, y siempre son renovados y revitalizados por una energía propia y natural.

Pero debido a que ninguno de nosotros ha tenido, ni remotamente, una crianza perfecta, desde edad muy temprana comenzamos a desarrollar hábitos que contradicen nuestra energía natural. Estos hábitos han sido creados para ayudarnos a sobrevivir en el mundo neurótico en el que nos encontramos. Captamos estos hábitos de nuestras familias, amigos, maestros y de la comunidad en general.

A medida que imitamos el comportamiento que hemos observado en otros, o cuando intentamos obedecer las reglas que otros han dictado, nos podemos mover de forma que contradigamos a nuestro flujo natural. Desistimos de actuar conforme a lo que sabemos tanto en lo físico como en lo emocional; ya no decimos, y hacemos lo que en realidad sentimos. Desistimos de escuchar las señales que nuestro cuerpo envía acerca de la alimentación, el descanso, el ejercicio y los cuidados que necesita. Se vuelve muy riesgoso seguir a nuestra energía, así que obstaculizamos ese flujo y poco a poco comenzamos a experimentar cada vez menos energía y vitalidad. Entre más disminuye el flujo de energía, el cuerpo se revitaliza con más lentitud en el plano físico; por lo que comienza a envejecer y a deteriorarse. A medida que repetimos comportamientos crónicos negativos, nuestros cuerpos comienzan a reflejar estos esquemas, como es encorvarse para expresar el esquema interiorizado de hacerse pequeño y desvalido uno mismo.

Si estás dispuesto a permitir que la energía del universo se mueva a través de ti al confiar y obedecer a tu intuición, incrementarás tu sensación de sentirte vivo y tu cuerpo reflejará esto con salud, belleza y vitalidad crecientes. Cada vez que no confías en ti mismo y no sigues a tu verdad interior, provocas que tu vitalidad decrezca y tu cuerpo reflejará esto con una pérdida de vitalidad, parálisis emocional, dolor, y por fin con una enfermedad.

La enfermedad es un mensaje de nuestros cuerpos, que nos indica que de alguna manera no estamos siguiendo nuestra energía auténtica o no estamos apoyando a nuestros sentimientos. El cuerpo nos proporciona muchas señales de este tipo, comenzando con sensaciones sutiles como el cansancio y el malestar. Si no les prestamos atención y realizamos los cambios necesarios, nuestros cuerpos nos darán señales mayores que incluyen dolores, achaques y enfermedades menores. Si todavía así no cambiamos, puede ocurrir una enfermedad seria o fatal, o un accidente. Los mensajes más contundentes pueden ser ignorados con frecuencia al prestar atención a los mensajes más sutiles. Pero una vez que se ha presentado un mensaje contundente, nunca es demasiado tarde para ser sanado, si es que eso es lo que de verdad deseamos. En esta situación, no obstante, muchos seres no optan por la sanación. Deciden abandonar sus cuerpos y comenzar otra vez en un cuerpo nuevo (o trasladarse a otro plano de existencia) en vez de intentar superar, con el cuerpo actual, todos los esquemas viejos.

Si padeces de falta de alivio, descansa. Tu cuerpo siempre quiere descanso y alivio si está enfermo. Luego, cuando estés tranquilo, pregúntale a tu cuerpo cuál es el mensaje que contiene tu enfermedad. Tu cuerpo siempre intentará decirte qué es lo que necesitas para sanarte a ti mismo.

Una de mis amigas había estado padeciendo un severo dolor en el lado derecho de la cara. Intuitivamente, sentía que el dolor se aliviaría si abría la boca para plantear lo que quería y para expresar más de lo que ella sabía. Hizo esto y el dolor cedió un poco, pero no se quitaba del todo. Una noche, en actitud de entrega, le dijo al universo que se encontraba enferma debido a todo lo que sucedía en su vida y pidió una respuesta. A continuación, dejó de pensar en el problema y se fue a dormir. En sus sueños de esa noche, su intuición le indicó que dejara de tomar levadura de cerveza. De inmediato desechó en su totalidad el mensaje por extraño y siguió tomando la levadura. Unos días más tarde, y después de continuos pinchazos debidos a su intuición, dejo de tomar levadura. Dos días después, el dolor de la cara había desaparecido.

Cuando solicitas una sanación, nunca sabes lo que te va a decir tu cuerpo. Puede indicarte que dejes de comer algo o que empieces a hacerlo, expreses algunos sentimientos a un amigo, renuncies a tu trabajo o que consultes a un médico. La fórmula consiste en solicitar y después escuchar la respuesta.

Tuve un paciente quien había sufrido de un severo dolor de espalda durante año y medio. Durante la sesión, le pedí que contactara al dolor y preguntara a su cuerpo qué era lo que le estaba tratando de decir. Al hacer esto, se dio cuenta de que no había realizado el duelo por la muerte de su madre ni tampoco había expresado su enojo hacia su padre. Estaba sosteniendo en su espalda tanto la tristeza como la ira. Aceptar esto provocó la disminución del dolor. Después de que habló más, pudo llorar por la muerte de su madre. Poco tiempo después, estuvo dispuesto a expresar su ira en contra de su padre. Comenzó a hablarme acerca de la cuestión y a expresar sus sentimientos por escrito. El dolor de la espalda desapareció. Su dolor de espalda ha seguido siendo su barómetro de sentimientos reprimidos: ahora sabe que si le vuelve el dolor, necesita "darse un espaldarazo" para expresar algunos de sus sentimientos.

Una vez que hemos desarrollado algún síntoma, éste puede volver si el comportamiento reincide. Nuestros cuerpos nos ayudan al informarnos con detalle de cualquier energía obstruida. A continuación he enlistado algunas causas comunes de dolor o enfermedad en el cuerpo. Las mismas pueden ser o no apropiadas para ti. Cada una se acompaña de una afirmación de sanación. Utilízalas si sientes que son correctas para ti o elabora las tuyas.

Dolor de cabeza: dos energías o sentimientos interiores se encuentran en conflicto; permite que ambas partes tengan voz.

Ahora estoy dispuesto a escuchar a todos mis sentimientos.

Resfriado: el cuerpo necesita descanso, necesita una limpieza de lo caduco; necesita restablecer el equilibrio.

Estoy dispuesto a abandonar lo caduco. Ahora tengo descanso y alivio en mi vida. Mi cuerpo está en perfecta armonía.

Problemas de complexión: obstrucción de la energía masculina; es necesario emprender acciones y/o expresarse más directamente.

Iré hasta el fondo de lo que siento y de lo que quiero. Expresaré mis sentimientos con claridad y en forma directa.

Erupciones de la piel: deseos de liberación y de emprender acciones; pregúntate a ti mismo "¿Qué es lo que deseo hacer tan eruptivamente?"

Actúo con base en lo que mi intuición me indica. Estoy dispuesto a probar nuevas cosas. Hago lo que quiero hacer.

Alergias: falta de confianza en las energías intuitivas o instintivas; sentimientos reprimidos; las alergias relacionadas con los ojos llorosos con frecuencia indican una tristeza reprimida.

Confío y expreso mis sentimientos. Es una sensación segura sentir y expresar mi tristeza y mi ira.

Dolor de espalda. sensación de que debes apoyar a otros, al mundo. Una necesidad de expresar y animar a tus sentimientos; el dolor de la espalda baja es con frecuencia tristeza reprimida; el dolor de la espalda alta es con frecuencia ira reprimida.

Apoyo a todos mis sentimientos. Me cuido a mí mismo. Expreso y confío en mis sentimientos. Confío en que los demás sepan cuidarse a sí mismos.

Dolores menstruales: no se está escuchando ni cumpliendo apropiadamente con el lado femenino; manifiestan una necesidad de tranquilidad y de introspección.

Cumplo y honro por completo con mi femenino y actúo con base en lo que me dice que haga. Me relajo, descanso y me cuido con regularidad.

Problemas de la vista: rehusarse a ver ciertas cosas de tu interior o del mundo. Con frecuencia, existe una decisión que se ha tomado a edad muy temprana de no ver intuitivamente lo que en realidad estás "viendo" porque resulta muy doloroso; cuando se cancela la visión interior, también se perjudica la visión exterior.

Ahora estoy dispuesto a ver con claridad todo en mi vida.

Problemas para escuchar. necesidad de acallar a las voces e influencias externas; necesidad de escuchar más a tu voz interior.

No tengo que escuchar a nadie más. Escucho y confío en mi propia voz interior.

Adicción

Entre más incómodos estemos con el hecho de confiar en nuestra energía natural, es más probable que recurramos a la utilización de drogas como el café, los cigarros, el alcohol, los alimentos chatarra o los excesos alimenticios, la marihuana, la cocaína o cualquier otra cosa para tratar de manipular nuestra energía, por lo que disminuimos y denigramos aún más al cuerpo.

La mayoría de la gente tiene miedo de su poder y energía. Tienen miedo ya sea de ser muy poca cosa o de ser demasiado; tienen miedo de tener demasiada energía o no tener la suficiente. La verdad es que si la gente estuviese dispuesta a abandonar el uso de las sustancias adictivas, encontrarían su propio flujo de energía. Al hacer esto, estarían llamando a su auténtica fuente de poder y creatividad.

Yo concibo la adicción como un medio que utiliza la gente para controlar este poder. Muchas personas poderosas y creativas se vuelven adictas porque no tienen la fuerza interior para apoyar a su energía. Si no contamos con la confianza en el universo, nuestro poder y creatividad pueden parecer sobrecogedores. Usando sustancias, puedes vigorizar a tu energía natural o puedes frenarla; en cualquier caso estás deteniendo el flujo natural del universo a través de ti.

No tienes que ser un adicto completo para darte cuenta que estás utilizando una sustancia para manipular a tu energía. Puedes darte cuenta que estás bebiendo tres tazas de café para energizarte, sólo para percatarte que después estás disminuido. (Los Estados Unidos son una nación adicta al café, a la que considero una potente droga porque daña seriamente tu capacidad para confiar y obedecer a tu energía).

La clave consiste en advertir lo que estás haciendo. Hazte consciente de cuándo y por qué utilizas el café. Observa cómo altera tu energía. Al final, te darás cuenta de que ya no tienes que pagar el precio que conlleva.

Concientiza el hecho de que todos utilizamos alguna forma de adicción para tranquilizarnos. La curación para esto consiste en desarrollar la confianza en nosotros mismos y en el universo. Debes estar dispuesto a experimentar cada vez más con tu propio poder y fuerza. Esta es la verdadera sanación.

Para los que tienen una adicción a las drogas o al alcohol, noten que el tranquilizarse a sí mismos no es suficiente. Te puede hacer más consciente de tu problema y de qué tan cerrado estás, pero por lo general las ansias físicas dominan cualquier conciencia. Debido a esto, estimulo a las personas para que obtengan ayuda y apoyo a través de grupos como Alcohólicos Anónimos o Drogadictos Anónimos para que se recuperen de la adicción al alcohol o a las drogas. Esto le da al cuerpo una oportunidad de sanar y permite que el espíritu y las emociones sean escuchados.

Para mayor información acerca de la autosanación, tal vez desees leer mi libro *Los cuatro niveles de la sanación: una guía para equilibrar los aspectos espirituales, mentales, emocionales y físicos de la vida* (*The Four Levels of Healing: A Guide to Balancing the Spiritual, Mental, Emotional, and Physical Aspects of Life*)

Meditación

Siéntate o recuéstate, cierra los ojos y respira profundamente. Con cada respiración, siente como tu cuerpo se desplaza a un espacio profundo y relajado. Relaja tu mente y deja que tus pensamientos vaguen. Procura no aferrarte a ninguno de los pensamientos que tengas. Siéntete relajado dentro de un tranquilo lugar de tu interior.

Este lugar profundo es la fuente de alimentación y sanación para ti. Debes saber que puedes acceder a este lugar y encontrar lo que necesites para sanarte. Si has estado teniendo problemas con tu salud o tienes alguna pregunta que hacerle a tu intuición acerca de tu cuerpo, aprovecha la oportunidad para hacerlo ahora.

Pregunta: "¿Qué necesito hacer para sanarme en este momento? ¿Qué necesita mi cuerpo?" Una vez que hayas formulado tu pregunta, mantente abierto a las respuestas. Una respuesta o un sentimiento intuitivo puede llegar de inmediato, o puede llegar en el próximo par de días. Puede manifestarse como una solución directa o puedes ser guiado a una persona o a un lugar que te dé las respuestas que necesitas.

Concientiza el hecho de que puedes sanarte a ti mismo y que una ilimitada sabiduría reside en tu interior.

Pronuncia estas afirmaciones en silencio o en voz alta: *"En este momento me estoy sanando a mí mismo. Estoy energetizado, vivo y lleno de una radiante salud"*.

Meditación alterna

Si hay una parte específica de tu cuerpo que está enferma o adolorida, prueba esta meditación. Ponte cómodo, respira profundamente, relaja por completo tu cuerpo y tu mente. Ahora, concentra tu conciencia en el lugar que te aqueja y pregúntale qué está sintiendo y qué está intentando decirte. Entonces sé receptivo para sentir y escuchar su mensaje. Pregúntale a esa parte de tu cuerpo qué necesitas hacer para sanarte. Pon atención a lo que tengas que hacer y obedécelo.

20. TU CUERPO PERFECTO

Para tener un hermoso cuerpo hay que empezar por seguir al flujo natural de tu energía. Confía en ti mismo. Exprésate físicamente en las formas que te hagan sentir bien. Duerme tanto como lo necesites. Quédate en cama, si piensas que necesitas más descanso. Aliméntate con lo que tu cuerpo desea de verdad y sigue los dictados de tu corazón. Si estás dispuesto a confiar en tu cuerpo, aprenderás a distinguir lo que es mejor para ti.

Suena muy simple. El problema consiste en que se nos ha enseñado por una parte a desconfiar de nuestros cuerpos y, por la otra, a caracterizarlos como que necesitan ser controlados. Algunas religiones han llegado a sugerir que el espíritu es bueno y el cuerpo es una herramienta, débil y pecadora, del mal. A pesar de que hemos arribado a la situación donde estas creencias en general no se expresan de manera abierta, todavía reaccionamos ante nuestros cuerpos con recelo. Como partes de una cultura, estamos habituados a ignorar a nuestros cuerpos y sus necesidades. Nuestras mentes le indican a nuestros cuerpos qué hacer. Hemos decidido que una jornada laboral de nueve de la mañana a cinco de la tarde, con tres comidas al día, es una forma "razonable" de vivir; y esperamos que nuestros cuerpos cooperen, inclusive si esto se experimenta como inapropiado. También hemos desarrollado, intelectualmente, teorías sobre lo que es correcto y lo que no, sobre qué alimentos son recomendables y cuáles no.

De niños, por lo regular adoptamos las reglas y los hábitos paternos y sociales acerca de la comida. Se espera que te acoples a las reglas del sistema, aunque quieras comer algo diferente para la cena o desees comer a otra hora, se espera que te acoples a las normas del sistema. El cuerpo te puede pedir una cosa y la sociedad otra. Muchos de nosotros aprendemos desde muy chicos a desconfiar de nosotros mismos. Esta desconfianza causa conflictos internos y un desequilibrio en nuestro sistema. Puede establecer una batalla de por vida, en el interior, entre la voz autoritaria y la voz rebelde. Cuando nos rebelamos, podemos descubrirnos pidiendo toda clase de cosas que no desearíamos normalmente si siguiéramos nuestro flujo natural. Podemos desarrollar la costumbre de recurrir a lo que es más accesible. Nuestros cuerpos pueden reaccionar a este desequilibrio ganando peso, volviéndose hiperquinéticos, perdiendo peso o desarrollando adicciones y alergias. Para resolver estos problemas, podemos intentar controlarnos siguiendo una dieta rígida y restrictiva. Esto provoca que nos sintamos despojados, por lo que al final el rebelde toma el control y provoca que recurramos a los alimentos que estamos procurando evitar.

Podemos implementar este mismo conflicto en lo referente al ejercicio físico. Muchas personas consideran que la única forma en que pueden mantenerse en forma es obligándose a hacer ejercicio en forma muy dedicada. Podemos resistirnos a esto, volviéndonos aletargados hasta el punto de no realizar ningún ejercicio.

Nuestra sociedad fomenta esta lucha y se beneficia de ella. Con regularidad se nos muestra cómo debe de ser un cuerpo hermoso, y se nos venden las formas de llegar ahí. Se nos venden dietas, planes de reducción de peso, alimentos bajos en calorías o libres de grasas y membresías a clubes deportivos y centros de salud. Constantemente sometemos a nuestros cuerpos a algún nuevo ideal de belleza y salud. El problema con estas imágenes externas y estos "deberes" que adaptamos del exterior es que conti-

203

nuamente estamos insatisfechos con la forma en que nos vemos y en que nos sentimos.

El camino para un cuerpo saludable, fuerte y hermoso es aprender a confiar en ti y a amarte. Puedes iniciar este proceso haciéndote más consciente de todas las reglas e ideas que tengas sobre cómo debes verte y sentirte. Sobre qué es lo que tienes que comer, qué clase de ejercicio debes hacer y así por el estilo. Puede ser de utilidad si pones por escrito todo esto, añadiendo a la lista cualquier otra regla o creencia que recién concientizas. Este procedimiento puede ayudarte a estar menos identificado con todo esto, para que así puedas empezar a tener más elección sobre cuáles, si es que las hay, quieres seguir. Durante este proceso puedes descubrir más de tus seres primarios internos, tales como el perfeccionista (quien tiene ideales muy elevados y quiere que vivas a su altura), el presionador (quien te lleva a cumplir con las metas del perfeccionista) y el crítico (quien constantemente te recuerda en qué forma estás fallando).

Una vez que has concientizado estas ideas y estas energías, y ya no te controlan tanto en forma inconsciente, puedes empezar a preguntarte qué es lo que en realidad quieres y conectarte con tus propios sentimientos y sensaciones interiores acerca de lo que en verdad es correcto para ti.

En el fondo, tu cuerpo y tu intuición son la mejor guía acerca de lo que es correcto para ti y de la forma en que debes cuidarte. Puedes descubrir que cuando estás prestando mayor atención, tu cuerpo te notifica de manera espontánea lo que necesita comer y cómo quiere moverse y ejercitarse. Algunas personas descubren que solo obedeciendo a su energía pueden desarrollar su propia dieta y su programa personal de ejercicios que es exactamente lo que su cuerpo necesita, y esto puede cambiar de vez en cuando. Por ejemplo, en ciertas ocasiones el cuerpo quiere ejercitarse con vigor, es cuando la actividad se experimenta como maravillosa, motivante y satisfactoria. Otras veces puede querer descansar o hacer ejercicio con suavidad.

Mucha gente descubre que necesita más información y estructura, en cuyo caso su guía interior los conduce a los libros apropiados, al nutriólogo, al entrenador, al doctor o al maestro. Es totalmente correcto, y puede ser de gran ayuda, apegarse a la dieta o al programa de ejercicios de otra persona siempre y cuando lo sientas como correcto para ti.

El proceso de sanar tu relación con tu cuerpo puede tomar algún tiempo y puede requerir de ayuda y apoyo. Nuestros sentimientos relacionados con el cuerpo por lo general están conectados con cuestiones muy profundas acerca de nuestra autoestima, nuestra identidad, nuestra familia, nuestra sexualidad, etcétera. Puede ser de mucha ayuda tener el apoyo de un terapeuta cuando explores estas cuestiones profundas.

Si padeces de un problema crónico de sobrepeso, adicciones alimentarias o cualquier otro desorden alimenticio y no estás en algún proceso terapéutico, te recomiendo que busques la ayuda de un terapeuta, de un grupo de apoyo o de algún tratamiento que se especialice en estos problemas. En la actualidad, y por fortuna, existen excelentes programas y consejeros en esta área. Muchas personas pueden encontrar ayuda a este respecto a través de Comedores Compulsivos, uno de los programas de doce pasos, el cual es gratuito y está disponible en la mayoría de las ciudades.

Agresividad

Una de las claves más importantes para crear un cuerpo sano y bello consiste en aprender a ser consistentemente agresivo en tu vida. He descubierto que muchas personas que tienen problemas corporales tienen un comportamiento que consiste en dudar sobre ellos mismos. En especial necesitan aprender a decir "no" cuando no quieren hacer algo. Muchas personas con las que he trabajado y sufren de sobrepeso no tienen bien definidos sus límites; tratan de cuidar y complacer a los demás y permiten que los demás se entrometan en sus vidas y se aprovechen de ellos. Por lo que necesitan echar mano del sobrepeso para defenderse, como una forma de crear cierta distancia.

En particular las mujeres pueden temer que si adelgazan, serán demasiado atractivas sexualmente. Tienen miedo de atraer atención o energía que no desean, y no confían en la manera en que puedan manejar la situación. Algunas personas tienen miedo de sentirse muy sensibles y vulnerables y no saber cómo protegerse. Otros temen ser demasiado "volátiles"; y usan el peso para mantenerse con los pies en la tierra. Si tienes estos miedos, puedes llevar una dieta para siempre y evitarás perder peso porque en tu inconsciente lo necesitas.

Esta es la razón por la que el proceso de agresividad es tan vital. Cuando aprendes a apoyar tus sentimientos con la acción, creas una fuerza interna y una protección. Te sientes seguro para desplazarte hacia nuevas situaciones y atraer atención y energía, sabiendo que podrás decir "no" a cualquier cosa que no pienses que sea correcta. Sabes que serás auténtico para ti mismo y que te cuidarás. Tu lado femenino se siente protegido y apoyado, ya que sabe que el masculino interno lo apoyará.

Mi experiencia me ha indicado que una vez que la persona aprende a ser agresiva, puede perder peso con facilidad y de manera natural, sin privaciones. El incremento de la circulación de energía en el cuerpo disuelve la energía bloqueada y el sobrepeso también se disuelve. Ya no es necesario como fortaleza y protección, así que es liberado sin esfuerzo. Si se hace necesaria una dieta, este tipo de personas son guiadas al nutriólogo o plan nutricional apropiados; o intuitivamente saben qué es lo que necesitan comer y esto se experimenta como apropiado y disfrutable.

Esperar = Sobrepeso

Si tú siempre estás esperando ser, hacer o tener lo que quieres, tu energía se obstruye y tu cuerpo puede reflejar esta actitud como exceso de peso. Al expresarte directamente y hacer lo que quieres cuando quieres (siendo agresivo), la energía correrá con libertad por tu cuerpo y esta circulación disolverá el exceso de peso. Entre más estés dispuesto a ser tú mismo, menos necesitarás ingerir alimentos como un sustituto de los cuidados que te debes procurar; recibirás los cuidados que de manera natural te brinda el universo.

La clave para ser agresivo es moverte a la acción de acuerdo a tus sentimientos e intuición. He visto gente que pierde peso sólo con decidirse a hacer algo a lo que le habían tenido miedo o al expresar algún sentimiento reprimido. Si continúas haciendo esto, disuelves los bloqueos y tu peso se equilibra.

En un principio la perspectiva de ser agresivo en cada momento puede parecer aterradora. No estamos acostumbrados a pronunciarnos a favor de lo que necesitamos y a tomar las acciones que nos lo proporcionarán. Es necesario un esfuerzo consciente para conectarnos con lo que sentimos y arriesgarnos a hacerlo. Sin embargo, una vez que empiezas a hacerlo; la sensación es tan buena que desearás seguir haciéndolo.

Perderás peso, tendrás más energía y te verás más vivo y atractivo. En realidad ya no hay regreso. La alternativa es la parálisis espiritual y la muerte. Cada vez que obedezco a mi voz interior, siento más energía vital fluyendo en mí. Cada vez que hago lo contrario, siento una batalla en mi cuerpo y cierta pesadez y cansancio. Si persisto en forzarme más allá de lo que mi cuerpo quiere, me siento cada vez más cansada e inanimada.

Una de mis pacientes tenía cerca de cuarenta kilos de sobrepeso cuando comenzó a trabajar conmigo. Había intentado todos los programas de pérdida de peso que se pueda imaginar, en un esfuerzo por adelgazar, pero no había solucionado con éxito su problema. A medida que aprendió a confiar en ella misma y a cuidarse, comenzó a sanar al expresar sus sentimientos reprimidos. En un grupo semanal de apoyo que yo conducía, fue invitada a expresarse directamente, diciendo lo que sentía y lo que quería. Empezó a confiar en su cuerpo y comenzó a comer sólo lo que en verdad quería. Se desarrolló más ligera en el plano físico y espiritual, y después de algunos meses había perdido cerca de veinte kilos.

A esta altura, pensó que ya había conseguido todo lo que necesitaba del grupo y quería salirse de él, a pesar de que todavía tenía bastante sobrepeso. Yo sentía que todavía estaba reprimiendo muchos sentimientos; así que la animé para que expresara lo que todavía estaba "esperando" ser dicho. Ella dijo que tres integrantes del grupo habían comenzado a molestarla y que no se sentía segura de compartir sus sentimientos con ellos. Los mismos le recordaban gente y hechos dolorosos de su pasado. En ellos, veía reflejados a su marido, a su hijo y a ella misma. Le recordaban cierto auto engaño. Debido a esto, se sentía enojada cada vez que los veía.

La invité a trabajar estas cuestiones en privado; y si estaba dispuesta, regresaría al grupo para expresar sus sentimientos a los otros integrantes. Necesitaba decir lo que no había dicho en el pasado. Y logró hacerlo. Gracias a esto, ella comenzó a sanar de viejas heridas emocionales y a perdonarse por su pasado. Su energía ya no está amarrada al pasado, por lo que se puede mover con más libertad por su cuerpo. Continuó perdiendo peso sin llevar una dieta restrictiva.

Determinando el ritmo con la comida

La gente utiliza la comida para impregnarle cierto ritmo a su nivel energético natural. Si tú eres una persona que tiene demasiada energía de tipo nervioso, puedes utilizar los alimentos para calmarte o si necesitas un empujón tal vez los utilices para eso. Ambas actitudes te conducen, finalmente, a la supresión parcial de tu energía auténtica.

La gente en general está asustada de su poder y de su energía, así que siente la necesidad de regular la velocidad con que éstos fluyen por el cuerpo. Otras personas recurren a las drogas, al alcohol, a las relaciones, al trabajo o a otras adicciones.

A medida que la gente está más dispuesta a experimentar y a expresar su energía natural, disminuye la necesidad de utilizar a la comida u otras substancias de esta manera.

Apreciando tu cuerpo

Aprecia hoy la belleza en tu cuerpo y en ti. Concentra tu atención en lo que gusta de ti mismo. Entre más dispuesto estés a llevar a cabo esta tarea, más fácil se volverá. Tu cuerpo responderá a esta estimación y se volverá cada vez más hermoso.

Se ha vuelto un hábito notar lo que necesita ser cambiado de nosotros mismos. Estamos a la espera de la perfección antes de amarnos y aceptarnos completamente a nosotros mismos. Puedes transformar estos procedimientos autocríticos, subrayando lo que te gusta de ti y otorgándote una retroalimentación positiva.

Si tienes problemas para apreciarte a ti mismo, comienza por observar a otras personas que tengan las mismas cualidades y admíralas.

Una amiga mía se consideraba con diez kilos de sobrepeso y continuamente se despreciaba por la forma en que se veía. Sentía que la única forma posible en que podía gustarse era si era delgada. Debido a que no podía ver su propia belleza, decidió comenzar a observar a mujeres que tuvieran su mismo tipo físico y a aprender a apreciarlas. Comenzó a ver qué bellas eran otras mujeres "pasadas de peso" y notó qué sensuales y vivaces se veían. Empezó a hacerles cumplidos acerca de su aspecto. Gracias a este procedimiento, ella pudo empezar a ver su cuerpo de una forma nueva. Comenzó a apreciarse y a aceptarse a ella misma. Su cuerpo respondió con aprobación generando más vida y energía. Poco a poco perdió unos cuantos kilos y ha continuando apreciando su cuerpo tal como es.

Un ritual para amar a tu cuerpo

Párate desnudo enfrente de un espejo de cuerpo entero. Envía pensamientos positivos a cada parte de tu cuerpo. Incluso si no te gusta tu cuerpo, o no apruebas ciertas partes de él, busca algún indicio de belleza en cada una de las partes de tu cuerpo. Date cuenta que tu cuerpo te ha servido durante años. Agradécele el servicio que te ha prestado.

Por ejemplo, puedes decirte a ti mismo: "Tienes una cabellera abundante y sedosa". A continuación mira a tu cabello y ve su belleza, su brillo; aunque no sea tan brillante y reluciente como tú quisieras. Sigue apreciándote tal como eres, diciendo: "Me gusta la forma en que te ves. Tienes unas manos hermosas. Tienes unas piernas fuertes y sanas. Tienes una piel limpia. Tienes unos ojos brillantes."

Recorre cada parte de tu cuerpo de esta forma y envíales amor y aprecio con sinceridad. Encuentra la forma de apreciar cada parte de ti, y agradece a tu cuerpo por el hecho de haber estado contigo por el número de años que se trate, obedeciendo tus deseos y sirviéndote. Ha estado haciendo por ti lo que le has pedido. Si así lo deseas, puedes escuchar música que te guste, y puedes usar velas y flores mientras efectúas el ritual. Realiza este ritual una o dos veces al día, por lo menos durante una semana. Éste le demuestra a tu cuerpo cuánto lo aprecias y lo respetas. Tu cuerpo ha sido criticado, juzgado y rechazado por ti durante muchos años. Responderá con rapidez al amor y a la energía. Te sentirás más ligero y más energetizado. Te verás y te verán más hermoso. Las líneas de expresión de tu cara se relajarán. Comenzarás a brillar con fuerza y salud. Te sorprenderás de los resultados de amar a tu cuerpo.

Ejercicio

1. Enlista todas las formas en que te ves esperando (ganando peso). ¿Qué es lo que estás esperando en convertirte? ¿Qué esperas decir, hacer o tener?

2. Escribe junto a cada punto de tu lista qué acción puedes emprender al respecto. ¿Cómo puedes transformar la espera en dichos, hechos o teniendo lo que quieres en este momento?

21. Vida y muerte

La vida es la opción cuando se sigue al flujo de energía que reside en nosotros. La muerte es la opción cuando obstruimos la energía de la vida o nos oponemos a ella. En todo momento durante nuestras vidas estamos confrontados con esta opción de vida o muerte.

Cada vez que escogemos confiar y obedecer a nuestra intuición, nuestro canal se abre más y fluye más fuerza de vida a través de él. En verdad las células de nuestro cuerpo reciben más energía y se renuevan mucho con mucha más rapidez. Nos sentimos más vivos física, emocional y mentalmente hablando, y una mayor cantidad de nuestra luz espiritual brilla. Nuestro cuerpo se mantiene vivo, sano y hermoso, e irradia vitalidad.

Cuando elegimos no seguir a nuestros llamados intuitivos, cancelamos nuestro canal y nuestras células reciben menos energía. El cuerpo se comienza a deteriorar más rápidamente. Cuando no estamos siguiendo el flujo de energía, la vida se convierte en una lucha. El estrés y la tensión cobran su precio a la forma física y podemos notar la lucha en nuestros rostros y cuerpos. Se forman líneas de preocupación y el cuerpo comienza a doblarse por el esfuerzo que realiza. Si persistimos en cancelar la energía momento a momento, día con día, años tras año, al final el cuerpo envejece, se deteriora y muere. Si cambiamos nuestro esquema y comenzamos a confiar más en nosotros, el cuerpo comienza a renovarse.

Existe una parte en todos nosotros que quiere la vida, quiere hacer el compromiso de vivir, y está dispuesta a confiar en nuestra intuición y a seguirla en todo momento. También hay una parte que no quiere confiar en nosotros mismos: "No puedo hacer esto; es demasiado, es muy intenso; no quiero entregarme". Cuando vamos en contra de nosotros mismos, lo único que experimentamos es esfuerzo y lucha; cuando nos entregamos a la vida, nos sentimos más vivos, con pasión y fluimos.

Cada vez que alguien muere, está eligiendo, de forma consciente o inconsciente, abandonar el cuerpo. Puede parecer que se es víctima de un desastre o de una enfermedad mortal, pero en el plano del alma se está a cargo del propio viaje existencial. El espíritu sabe qué está haciendo, aunque la personalidad no lo sepa. Algunas almas han tomado forma física para realizar un propósito específico y una vez que lo han logrado, se van; o si fracasan en el intento pueden decidir trasladarse a otro plano, o tal vez regresar a éste en una vida próxima. Algunos seres sienten que se han atascado y que esto no funciona. Sienten que no están aprendiendo lo suficientemente rápido. "Esta vida comenzó con demasiadas desventajas en mí contra. Ya no quiero enfrentarlas. Prefiero comenzar de nueva cuenta."

Al elegir conscientemente a favor de la vida, influyes en la elección de aquéllos que te rodean. Si eliges confiar en tu intuición y actuar de acuerdo con ella, en cada momento, estás escogiendo la vida en lugar de la muerte, y estás incrementando la vivacidad que irradia de ti. Cualquiera que esté conectado contigo sentirá esto y fortalecerá la elección que ha hecho a favor de la vida.

Entre más elijamos seguir la fuerza vital, nuestros cuerpos serán más sanos y vitales. Cuando vivimos como canales para el universo, es posible volverse más energetizado, más vivo y más hermoso a medida que envejecemos, en lugar de perder estos atributos. Ya no abandonaremos nuestros cuerpos de manera inconsciente, por medio de los accidentes o las enfermedades. Permaneceremos en el cuerpo físico tanto tiempo como lo deseemos, y conscientemente haremos la elección de abandonarlo cuando queramos hacer algo diferente. La muerte, cuando la elegimos, no será una tragedia, sino una transición consciente hacia otro plano de existencia.

Meditación

Siéntate o recuéstate en una posición cómoda. Cierra los ojos. Respira profundamente y relaja tu cuerpo. Con cada respiración, abandona todo lo que te impida estar contigo mismo. Relájate y desplázate a ese espacio central de tu interior.

Rememora una situación reciente en la que elegiste no seguir a tu energía, cuando no hiciste lo que querías hacer. Reproduce esta escena en tu mente. Ve cómo avanzas en contra de lo que sabías que era auténtico para ti. Entonces, nota cómo te ves y te sientes física, mental, emocional y espiritualmente.

Ahora, regresa a la misma situación y obsérvate haciendo lo que quieres hacer; obsérvate siguiendo a la energía. Fíjate en cómo sientes tu cuerpo, cómo te ves a ti mismo y cómo te sientes respecto a ti. Entretente unos minutos percibiendo la sensación de confiar en ti y actuar de acuerdo a lo que quieres.

Ejercicio

Lleva un diario con algunas de las decisiones que efectúas durante el día. Toma nota de cuándo hiciste lo que querías y cuándo elegiste no hacerlo. Después, escribe cómo te sentiste acerca de las opciones que tomaste. Nota cómo te sentiste física y emocionalmente.

A medida que te hagas más consciente de cuándo seguiste a tu energía, cuándo actuaste en contra de ella, y de los resultados de ambas actitudes, estarás escogiendo la vida, sentirte más vivo en cada momento, de manera creciente.

22. Transformando nuestro mundo

La transformación inicia en el nivel individual y se desplaza hacia el mundo. A medida que aprendo a confiar en mi intuición y actúo conforme a ella, y a medida que estoy más dispuesta a experimentar y aceptar todos mis sentimientos, una cantidad mayor de energía del universo se puede mover a través de mí. A medida que se manifiesta, me sana y me transforma a mí, a todos y a todo lo que me rodea.

Esto es cierto en el caso de cada uno de nosotros. Entre más disposición tienes para confiar en ti y ser más tú mismo, más energía vital se manifestará a través de ti. Todos los que te rodean se beneficiarán de tu energía y comenzarán a confiar y a ser más ellos mismos. A su tiempo, se convierten en poderosos canales para todos en su área de influencia. Y de esta manera la transformación se propaga con rapidez alrededor del mundo.

Tal vez, hayas oído del "síndrome de los cien monos". En Japón, en 1952, algunos científicos estudiaban el comportamiento de los monos salvajes. El alimento principal de estos monos era el camote. Un día, se percataron que uno de los monos hacía algo que nunca había hecho antes: lavaba su camote antes de comérselo. Repitió este comportamiento en días subsecuentes, y pronto vieron que varios monos lavaban sus camotes antes de comerlos. Cada vez más monos hacían esta tarea. Después que todos los monos de la isla mostraban este nuevo comportamiento, en 1958 los científicos de las islas vecinas comenzaron a reportar que los monos en esas islas comenzaban también a lavar sus camotes. No había una conexión física entre las islas, y nadie había transportado ningún mono de una isla a otra.

Este estudio ilustra algo de poderosa importancia, fundamental para la raza humana y para nuestro planeta. Lavar camotes era un nuevo nivel de evolución para los monos, y cuando un número suficiente de ellos lo habían aceptado, fue aparentemente transferido a los monos de las islas aledañas sin involucrar ningún contacto físico o comunicación directa.

Ésta es la manera en que se da la evolución de la conciencia. Cada conciencia individual está conectada con la conciencia masiva y es parte de ésta. Cuando un pequeño, pero significativo número de individuos se han trasladado a un nuevo nivel de conciencia y han modificado de manera significativa su comportamiento, esa transformación es percibida en la totalidad de la conciencia masiva. Los otros individuos son empujados en la dirección de ese cambio. Y toda la cuestión pudo haber empezado con un individuo, quien llevó a cabo el primer salto.

Con mucha frecuencia observamos al mundo que nos rodea y nos sentimos incapaces de realizar un cambio que sea en verdad positivo. El mundo parece tan vasto, en tal caos, y nosotros nos sentimos muy pequeños y desvalidos. La historia sobre los cien monos nos ayuda a entender qué tan poderoso puede ser un individuo, o unos cuantos individuos, para transformar el mundo.

Gracias a que el mundo es en verdad nuestro espejo, conforme cambiamos, el mundo debe cambiar. Puedes notar esto con facilidad en tu vida personal. A medida que desarrollas el hábito de confiar en ti y de cuidarte, poco a poco te liberarás de viejos esquemas. Muy pronto, notarás que tus amigos, familia, compañeros y asociados laborales parecen sentir y actuar de manera diferente también. Algunas cosas que antes te asustaban y te preocupaban, parecen perder su "carga" emocional. Incluso, los graves problemas del mundo, aunque todavía te conciernen, pueden parecer definitivamente menos sobrecogedores.

La razón de este cambio reside en que has comenzado a sentir el poder del universo dentro de ti. Dependiendo del grado con que experimentes la presencia del universo en tu propio cuerpo, ya no sentirás miedo. Por supuesto, cada vez que te abres a más poder, mayores cantidades del antiguo temor llegan a la superficie y son liberadas, así que en el proceso de sanación, experimentarás estados alternados de poder y de temor. Sin embargo, gradualmente se establecerá en ti una sólida base de confianza. Los demás sentirán esto y en ello encontrarán el apoyo para dar paso a más de su propio poder y verdad. Las personas y las cosas a tu alrededor te reflejarán cada vez más, en forma positiva. Entre más luz permitas en ti, el mundo en que vives será más brillante.

Creando el cambio

Una posición con la que con frecuencia me topo, en especial en grupos de gente orientada a la espiritualidad, es que todo lo que debemos hacer para cambiar al mundo es pensar más positivamente acerca de él y visualizar el cambio que deseamos. La visualización y la afirmación son herramientas poderosas. Yo las utilizo con regularidad y las recomiendo ampliamente como parte de este proceso. (Después de todo, escribí *Visualización creativa* y creo profundamente en las técnicas que el libro describe). No obstante, existe otra parte del proceso que con frecuencia se ignora, pero que es tan importante como la primera.

Si el mundo es nuestro espejo, entonces lo que sea que veamos en él de alguna manera refleja lo que está en nuestro interior. Tenemos que responsabilizarnos de esto y debemos estar dispuestos a transformarlo *en nuestro interior* si queremos que cambie en el exterior. Así que cuando observamos al mundo y vemos pobreza, dolor, violencia y caos, debemos estar dispuestos a decirnos: "¿Cuál es la pobreza, dolor, violencia y caos dentro de mí que refleja todo esto? Sé que mi mundo es mi espejo y en un sentido mi creación. Si las cosas que veo no estuvieran en mí, no podrían existir en el mundo."

A este respecto el truco consiste en no culparte por los problemas del mundo. Ninguno de nosotros es en realidad, responsable de la vida de otra persona; todos estamos creando juntos este mundo y todos lo estamos haciendo lo mejor que podemos. Estamos aquí para aprender de lo que no es perfecto, en vez de culparnos por ello. Necesitamos adoptar una actitud positiva y responsable, diciendo: "Estoy dispuesto a aprender a confiar y a obedecer a mi propia y auténtica verdad, con la certeza de que cuando así lo haga, liberaré el dolor y el miedo dentro de mí y por lo tanto sanaré el dolor y el miedo en el mundo".

Esta promesa es muy poderosa y seguirla totalmente no es una tarea fácil. Para poder hacerlo, debemos estar dispuestos a movernos a través de las capas más profundas de nuestra conciencia y a reconocer no sólo nuestros propios miedos personales, sino también reconocer creencias negativas acerca de la humanidad que tienen siglos de antigüedad y que viven en nuestros cuerpos. Para movernos a través de estas capas, necesitamos tener disposición para reconocer y experimentar todos los miedos, sabiendo que la luz los sana y los disuelve.

Cuando la gente me pregunta qué puede hacer acerca de los problemas del mundo, les sugiero que comiencen por reconocer y afirmar que a medida que realizan su propio trabajo interior con sinceridad, el mundo se transforma. Les digo que observen los problemas sociales que los asustan o alteran y que determinen qué miedo o dolor los afecta en su interior y cómo refleja su situación personal.

Por ejemplo, si se alteran por las noticias de violencia, les pido que examinen cómo ha jugado la violencia un papel en sus vidas. ¿Alguien ha sido violento con ellos en su primera infancia? ¿Han tenido pensamientos y sentimientos violentos? ¿Han reprimido sus propios sentimientos violentos o se han disociado de ellos? ¿De qué manera se han violentado internamente? (criticándose con dureza a sí mismos), etcétera.

Ha sido mi experiencia que muchos de nosotros necesitamos ayuda, en forma de terapia o consejería, para manejar estos profundos niveles de sanación emocional. En algunas personas, existe cierta renuencia a buscar tal ayuda, tal vez porque sienten que es una señal de enfermedad o de locura. Nuestra cultura dice que debemos ser totalmente autosuficientes y que necesitar ayuda es una muestra de debilidad. En realidad, en ocasiones necesitamos apoyo y es una muestra de fortaleza saber encontrar la ayuda apropiada. Personalmente he buscado diversos tipos de terapia en muchas ocasiones durante mi vida y me han ayudado enormemente, siempre que confié en mi intuición sobre con quién trabajar.

Si te afecta mucho la pobreza en la que vive la mayor parte de la población mundial en la actualidad, puedes sentirte motivado para realizar algunos gestos exteriores con la finalidad de aliviar el dolor de alguien (por ejemplo, donando dinero, o haciendo trabajo social o político). Al mismo tiempo, examina tu interior para ver en qué forma fomentas la pobreza o la escasez en tu propia vida. Esto no necesariamente es una cuestión de dinero; puedes estar viviendo en alguna forma de pobreza espiritual o emocional y a la vez vivir en el lujo material. O puedes vivir en paz emocional o espiritual, pero aferrarte a la creencia de que el dinero es malsano, y por lo tanto mantenerte en un estado de pobreza financiera.

La pobreza personal o mundial se fomenta por la creencia de nuestra conciencia masiva en la escasez. Tememos profundamente que *no haya suficiente para todos* de lo que sea que necesitemos: dinero, alimentos, amor, energía, aprecio. Así que creamos un mundo que confirma esta creencia. Se han realizado estudios que demuestran que existe suficiente producción de comida en el mundo para alimentar holgadamente a todos. Pero debido a nuestra creencia fundamental en la pobreza, permitimos que la comida se tire en un lugar mientras que millones se mueren de hambre en otros.

Si estás preocupado por cuestiones ambientales, considera este punto de vista: La Madre Naturaleza es símbolo del lado femenino y protector de nosotros mismos. La falta de respeto y de armonía con la naturaleza son sólo posibles en una sociedad de individuos que no respetan y menosprecian su propia naturaleza femenina e intuitiva. Si estás conectado con tu guía interior, no hay manera de que te vuelvas severamente desequilibrado con tu medio ambiente natural.

De la misma manera en que nuestros cuerpos son la manifestación de nuestra conciencia en la forma física, la tierra es la manifestación de nuestra conciencia masiva. En un sentido, la tierra es nuestro "cuerpo" colectivo. La forma en que tratamos a la tierra refleja la forma en que tratamos a nuestros propios cuerpos.

La falta de respeto y de conexión respecto a nuestros cuerpos se demuestra en el nivel global por la forma en la que tratamos a la tierra. Creo que continuaremos maltratando nuestro "cuerpo terrestre" hasta que aprendamos a amar y a confiar en nuestro cuerpo, a percibir sus señales, a alimentarlo, a proporcionarle descanso y cuidados; a no contaminarlo con drogas y comidas no saludables y a desistir del intento de controlarlo con nuestras ideas acerca de lo que es correcto.

Debemos estar dispuestos a reconocer y sanar cualquier forma de violencia, pobreza y desequilibrio en nuestro interior como seres individuales, si tenemos la esperanza de erradicar estos problemas de nuestro mundo. La sanación no se dará ni en el nivel personal ni en el global mientras ocultemos o neguemos nuestros sentimientos. Todas las creencias, sentimientos y esquemas emocionales deben examinarse bajo la luz de la conciencia para que sean transformados. Cuando la luz brilla en la oscuridad, la oscuridad desaparece.

Sanación mundial

La gente con frecuencia comenta sobre la terrible condición en que se encuentra el mundo. En distintas formas, las cosas parecen ir de mal en peor, y esto puede causar mucho miedo. A mí me ha ayudado mucho reconocer que el mundo está pasando por una crisis mayor de sanación, muy similar a la forma en la que muchos individuos se encuentran experimentando.

Cuando a escala individual comenzamos a despertar a la luz, también comenzamos a ser conscientes de la oscuridad en la que hemos estado viviendo. Los esquemas de vida que antes parecían "normales" comienzan a ser percibidos como disparatados, desde la perspectiva de nuestra recientemente adquirida cordura. Los temores y las distorsiones que han sido negados y rechazados, porque observarlos era muy doloroso, comienzan a manifestarse en la conciencia para ser liberados. Los problemas que se "dejaban debajo de la alfombra" llegan a primer plano para ser resueltos.

Esto es lo que veo que sucede a nivel mundial hoy en día. Si reconocemos el caos y el dolor aparentes en el mundo como una gigantesca manifestación de nuestro proceso individual de sanación, podemos percibirlo como un paso muy positivo. En lugar de sentirnos como víctimas, podemos reconocer el poder del universo trabajando. Podemos apreciarnos como canales a través de los cuales la sanación mundial se manifiesta.

Acción social y política

Algunas personas que han oído estas ideas se ponen furiosas porque piensan que estoy aprobando una especie de autoabsorción de tipo narcisista que menosprecia los problemas del mundo y niega la necesidad de la acción política y social. La mayoría de las veces puedo (¡aunque no siempre!) hacerlos comprender que éste no es el caso. Estar dispuesto en el plano interno e individual, a tratar con la fuente original del problema, es sólo la forma más práctica y poderosa de llevar a cabo un cambio real. Esto no niega la necesidad de la acción exterior a larga escala.

Para mí, esta cuestión es el origen y motivación para esa acción. Descubro que la gente, con frecuencia, se mueve con base en sus propias "buenas ideas" más que por su guía interior. Muchas veces, son motivados por sus sentimientos de dolor, miedo y culpa para tratar de "hacer algo para que esto mejore". Provienen de una posición de desamparo y miedo, y están luchando infructuosamente por hacer algo para erradicar estos sentimientos. Por desgracia, este acercamiento tan sólo perpetua el problema que están tratando de resolver.

La causa fundamental de los problemas mundiales es el dolor, el temor y la ignorancia que experimentamos por estar desconectados del poder del universo. Si seguimos proyectando nuestros problemas fuera de nosotros y no reconocemos el poder interior que tenemos, creo yo que estamos apoyando las maldades que estamos combatiendo.

Por otra parte, si estamos dispuestos a hacernos responsables de nuestros miedos y a manejarlos, despejaremos el camino para poder escuchar la voz del universo en nuestro interior. Si ésta nos indica que tomemos acciones, podemos estar seguros que la acción será poderosa y auténticamente efectiva.

Por ejemplo, una amiga mía se hizo muy activa en el movimiento pro desarme nuclear. Cuando platicaba acerca de esto y de su trabajo, era obvio que se sentía absolutamente aterrorizada por la posibilidad de la guerra nuclear. En realidad esta es una reacción razonable, si se toma en cuenta la situación mundial. El problema, desde mi perspectiva, estaba en que no reconocía su propio terror y ni las cuestiones de falta de poder y muerte con las que estaba luchando internamente, por lo que sus acciones y sus palabras tenían una cualidad frenética, como si se tratara de una persona ahogándose, que intenta en vano asirse de algo para sostenerse.

Poco a poco, en el espacio de varios años, observé su trabajo durante esta fase de su proceso. Creo que alcanzó un nivel más profundo de confianza en el universo. Siguió realizando sus actividades antinucleares porque era algo en lo que creía fervientemente, y encontró gran satisfacción en hacerlo, pero la energía era muy diferente. Había poder y fortaleza es su involucramiento, que estoy segura, la hacían más efectiva en su trabajo. Los mismos principios son aplicables tanto al plano social y político como a cualquier otra área de la vida: si te encuentras haciendo lo que piensas que "debes" hacer, si básicamente estás motivado por el temor y la culpa, entonces no importa qué tan buenas sean tus acciones, es probable que no estés siendo tan efectivo como te gustaría y tal vez estés estorbando más en lugar de ayudar.

Por otra parte, si estás confiando en tu intuición y haciéndole caso a tu corazón –yendo a donde te lleva tu energía y haciendo lo que en realidad quieres hacer– verás cómo todo lo que hagas tiene un efecto positivo para la transformación del mundo. Podrás reconocer la naturaleza transformacional de tus actos. Para muchos, esto incluye la acción política y social directa, y lo harán porque les encanta. La gente a tu alrededor se verá influida por tu energía y vitalidad de una manera mucho mayor de lo que serán influenciados por tus palabras y acciones.

Por el momento, mi guía interior me ha indicado que vivir mi vida de la manera en que la vivo —escribiendo libros, conduciendo talleres, explorando mi creatividad, siendo yo misma— es lo que personalmente necesito hacer para producir el máximo cambio en mi vida y en el mundo. También tengo la fuerte corazonada de que algún día me involucraré de forma activa en política (como lo estuve cuando era muy joven) tal vez, inclusive, ocupe algún puesto político. A pesar de que en estos momentos no tengo un deseo particular al respecto, sé que si eso es lo que se me tiene preparado, lo percibiré como una aventura estimulante. Tengo curiosidad por ver lo que el universo me tiene reservado.

Los medios masivos de comunicación

¡Se me informó a través de mi guía interior que la televisión sería la salvadora del mundo! Me resistía a aceptar esta idea porque no soy una aficionada de la televisión. Sin embargo, reconocí que a pesar de que la mayor parte de la programación actual parece tan estúpida y descuidada, la televisión es obviamente una herramienta extraordinariamente poderosa para alcanzar a millones de personas en un instante. Creo que no es accidental el hecho de que la televisión se haya desarrollado en esta época y que se pueda encontrar en la mayoría de los hogares en todo el mundo.

A pesar de que en la actualidad fundamentalmente la controlan personas cuyas conciencias están arraigadas con fuerza en el viejo mundo, se dan, aun ahora, centellos ocasionales de conciencia. Es sólo cuestión de tiempo, hasta que la conciencia del mundo nuevo comience a penetrar la programación televisiva en forma regular y significativa.

La televisión es, sin lugar a dudas, una herramienta educativa mayor. Con el universo a cargo, puede literalmente convertirse en un "canal". Puede proveer una "red" para comunicar conciencia de manera instantánea e ideas creativas nuevas a la mayoría de la población mundial.

¿Puedes imaginar a las amas de casa viendo telecomedias en las que la gente pase por los dramas humanos comunes, pero en lugar de la típica condena y desesperación, exista una actitud de aprendizaje y crecimiento a través de los cambios que la vida va imponiendo? Puede ser muy entretenido, con las dosis usuales de sexo y romance, nacimientos y muertes, drogas y enfermedades, matrimonios y divorcios, pero se podrá apreciar que los personajes usan sus pruebas y preocupaciones en una forma positiva para evolucionar en la conciencia, de la misma forma como estamos aprendiendo a hacerlo nosotros. Una vez que lo hayan captado las amas de casa, es seguro que lo captarán los niños y esposos a corto plazo.

Es obvio que el poder de los medios de comunicación —cine, radio, periódicos, revistas y libros, así como también la televisión— no se podrá igualar por su potencial para lograr los cambios positivos rápidos, una vez que nuestra conciencia masiva está lista para ese cambio.

Proceso de cinco pasos para la sanación personal y mundial:

1. Afírmate a ti mismo: *El poder del universo me sana y me transforma. A medida que soy sanado y transformado, todo el planeta es sanado y transformado.*

2. Toma nota de los problemas sociales, políticos y del medio ambiente que te rodean. Presta particular atención a aquéllos que te causan la reacción emocional más fuerte. Pregúntate cómo están reflejando tus problemas, miedos, creencias y esquemas personales. Tal vez no veas ninguna conexión de inmediato, pero permanece abierto a esta información a través de tu canal intuitivo.

3. Pídele al poder superior del universo que libere y sane la ignorancia, el temor y las limitaciones en ti y en el mundo. Mantente abierto a cualquier orientación interior que recibas para buscar apoyo en tu proceso de sanación a través de un consejero o un terapeuta, amigo, taller o grupo, etcétera.

4. Visualiza con regularidad tu vida y el mundo como quieres que sean (consulta la meditación al final de este capítulo).

5. Píde a tu guía interior que te permita saber con claridad si existe alguna acción específica que necesites tomar para tu sanación o para la sanación del mundo.

Meditación

Siéntate o recuéstate en una posición confortable. Respira profundamente y relaja tu cuerpo. Siente cómo te ubicas en un espacio profundo y tranquilo en tu interior. Siente cómo contactas ese sitio de poder y creatividad; se trata de tu fuente de poder.

Desde esta fuente de poder, proyéctate hacia el futuro, mírate en unos años o más, y en esta proyección imagina tu vida tal como quieres que sea.

Comienza por notar cómo te sientes en lo espiritual y en lo emocional. Siente la fuerza y el poder en tu interior. Confías en tu intuición y actúas de acuerdo a tu guía interior. Gracias a esto, tu vida se está desenvolviendo en una forma maravillosa.

Percibe una sensación acerca de tu cuerpo. ¿Cómo te ves y te sientes físicamente? Ahora tienes un cuerpo que se iguala a tu espíritu: fuerte, valeroso, hermoso, lleno de vida y de energía. Experimenta cómo se siente todo esto. ¿Cómo cuidas tu cuerpo? ¿qué es lo que comes y como te procuras a ti mismo?

Imagínate vestido exactamente en la forma en que quieres estar vestido. Tu ropa expresa quién eres. Cuando abres tu clóset y tus cajones, tienes justo la ropa que quieres.

¿Cómo es tu casa? Vete viviendo exactamente donde quieres estar. Has creado tu medio ambiente como lo quieres. Siente cómo es vivir de la forma que te sienta mejor.

Has encontrado el trabajo y el escape creativo perfectos. Imagínate expresándote en la forma que te produce sentirte realizado y satisfecho. Recibes dinero en abundancia por hacer lo que más te gusta.

Ahora tienes relaciones que son auténticas, llenas de vida, apasionadas y creativas. La gente te quiere y te cuida. Si tienes (o quieres tener) un compañero o compañera especial en tu vida, imagina esta relación de la forma en que quieres que sea.

Ahora, recuerda que el mundo es tu espejo. A medida que vas creciendo y cambiando, también lo hace el mundo que te rodea. Así que permítete imaginar al mundo sanándose y transformándose, logrando el equilibrio, la integridad y la armonía, tal y como tú lo haces.

23. Una visión

Desde la ventana de mi apartamento, miro, a través de la bahía, a la hermosa ciudad de San Francisco. La luz en el agua y en el cielo cambia constantemente. En ocasiones está nublada y brumosa; algunas otras brillante y reluciente, pero siempre se ve mística. Tal vez esta vista inspiró una imagen que tengo con frecuencia:

Veo una ciudad antigua, gris y en decadencia. Literalmente se está desintegrando, las viejas estructuras se deshacen y terminan en pilas de escombros, pero está siendo reemplazada, porque en su lugar una nueva y hermosa ciudad está levantándose. Esta nueva ciudad es mágica: parece brillar delicadamente con todos los colores del universo. Sé que se está construyendo en el interior de nosotros. Se crea a partir de la luz.

Nataraj Publishing and New World Library se dedica a la publicación de libros y cintas que nos inspiran y nos animan a mejorar la calidad de nuestra vida y de nuestro mundo.

Nuestros libros y cintas en cassettes están disponibles en librerías en todas partes. Para obtener un catálogo de nuestra colección de libros y cintas, diríjase a:

New World Library
14 Pamaron Way
Novato, CA 94949

Teléfono: (415) 884-2100
Fax: (415) 884-2199
Gratis: (800) 972-6657
Para pedir el catálogo: extensión 50
Para hacer un pedido del catálogo: extensión 52

E-mail: escort@nwlib.com

Visítenos por medio de su computadora:
www.nwlib.com